昌明文叢

無敵拳法國術精華

安強　著

出手奇襲步法妙
招招要害難閃躲
攻其必救勝卷握
無私公開恐失傳

▲後排左起小兒其偉、作者、小妹安芳。前排左一起為聯
合報前總編輯、紐約世界日報社長馬克任伉儷。
攝於攜夫人湛祥奇看望老長官，馬老請宴在喜來登酒店。

▲大陸改革開放之初，作者自由行，攝於杭州走透透時。

▲作者伉儷攝於桂林旅遊途中。

▲留影於警專。為七十歲時應警專之邀，傳授十六位
柔道教官「無敵拳」法，卻因故懇辭。

▲作者練拳前攝於公園。

形意八卦秘笈

夏師手繪之形意拳與八卦掌交融以致出神入化境地。
此圖展現兩拳種之相輔相成之奧妙。

前言
我的習武生活

　　年幼時正值對日抗戰，為躲日機轟炸，父親服務機關遷到四川巴縣鄉下。我家住當地山溝內，租民房過活。我們姐弟三人，最愛聽父親公餘講故事。我最喜歡聽《三國演義》，尤對關公著迷，書中各戰役更吸引心神，印象深刻，講完三國又講令我陶醉的水滸傳，對一百零八將英雄的武功敬佩難忘。日本投降後，隨雙親回到首都南京，因父親公務繁忙，過去每晚聽故事從而中斷。此時我已小學三年級，認識很多字了。放學回家後就從父親書架上抽出《三國演義》從頭開始看，遇不懂字便查字典，如此看書，似懂非懂，但重點看打鬥，終能一本本看下去，只要有打仗內容的書均愛看，如《隋唐演義》、《薛仁貴征東》、《薛丁山征西》、《薛剛反唐》、《五虎平南》，《東周列國誌》等，從此種下武功高強、行俠仗義，扶助弱小，力抗強權精神，總想能學武術將來長大做個俠客專打壞人。父親民國三十八年帶全家到臺灣定居臺中，初中向臺中裝甲兵國術總教練王玨鑫習少林拳，及少量擒拿。至高中臺灣西洋拳流行，省運有比賽項目並依級別產生八大拳王，

加上日本大學拳擊隊來訪，美國重量級拳王來臺訪問，更掀起全省青年練拳風氣。由於全臺拳擊賽輕乙級亞軍——臺中警局刑警洪天福住我家附近，乃向他學西洋拳。每日放學總花一二小時向他學拳術。「直拳」、「勾拳」、跳繩、打沙袋等，每週日下午練實戰，戴拳擊手套對打。為了求真，洪老師出手勇猛，不會「手下留情」，必須認真閃避，抓住機會還擊。由於父親工作在臺北，又有機會向一流柔道師範黃滄浪九段習柔道，跟韓慶堂大師學擒拿。

　　有一年在針灸老師朱訓的診所，遇見夏正平老師，他見我體格魁梧，問我是否喜愛運動。我便告知其過去習武的經驗，夏師隨口說：「要學習武術強身防身，必須一流，否則難免挨揍」。聽了夏老師這話，內心很以為然。心想一流武術大師哪裡找，應是大難題，乃順口嘆道不知此生能否找到？豈知我話甫說完，朱醫師突然大笑地走向我說：「遠在天邊，近在眼前」。原來國術大師正在坐，經朱大夫介紹，蒙夏師不棄，成為夏師開門大弟子。夏師青年時蘇北老家是富裕莊院，當時修鐵路工人一千餘人曾住他家，在里閭間有「窮文富武」說法。即有錢家庭子女吃得好，習武時身體挺得住，不怕操練，貧窮人家子弟只有讀書一途。因此夏師早年讀書之餘，其父曾尋覓國內名武術家請到莊上教夏師和其兄武術。後夏師長兄投身黃埔軍校，夏師乃得先後師從五湖四海敦請三十多位名師教導武術。由於夏師領悟力極強，且國學根基深厚，發現上乘武術與古兵法通，個人正是軍旅的縮影，理論相通。在武術

對敵、攻守退讓及施展詭詐欺敵等融會貫通，成文武合一，立於不敗境界。認為高超武術應為「智慧拳法」。即必具相當學養始能完全領悟，使武術昇華到防身健身，助人之外，必須充實「文」的智慧，「文韜武略」武藝才能高深而有成就。所謂智慧拳，即我國兵法之集合。

夏師深藏武藝絕學，國學造詣亦高深，對世事有過人見解與評斷。譬如對少棒奪世界冠軍之役，本可盡力施為一鼓作氣，爭取世界少棒史光榮紀錄，教練卻「見好就收」，錯過創紀錄機會，其得分最多記錄仍由美國保持。此外體育競技不全力以赴，是失德、是看不起對手、是侮辱對手。這高見必從我國哲學思想來。此外夏師偶爾點評時政，見解多高於政論名家。故夏師常稱其武藝為「智慧拳」。夏師文質彬彬，看不出身懷絕技。更不想其手槍槍法更勝蔣介石總統當時侍衛。堪稱武藝界奇才。夏師兄長較早離家投身軍旅，在臺灣官拜國防部上校，是「中華國術會裁判長」，凡國術比賽均任總評審迄退休。然夏師工作職務特殊，行事低調，臺灣武術界對夏師武藝一直「高深莫測」，偶爾同好名家故意逼他出手，只一招半式閃電般化解險擊，隨之反制點到對方要害。因此島內武術名人莫不敬畏夏師，夏師從不炫耀。當時從媒體上見主政高官表現志得意滿，目空一切極為神氣。與夏師休息時間談時事，夏師對高官各事從不欽羨。因高官之今日所有，皆由「厚黑學」到家，以這樣大的犧牲所換得，凡愛惜羽毛，做人端正，是非分明，榮辱真偽關係人格修養者，對財富

官位不義獲得者均不齒。夏師強調,習武者應超脫生死,方能有成,所以要求多讀書以修文德,才算武藝達到「出神入化」之境。如此必身心坦蕩,自在安逸。

師從夏老後,先習「華佗五禽戲」。此五禽戲與社會常見的不同,有扭動週身筋骨作用。一套做完約五分鐘,即使冬天亦感微汗,是練拳前最佳暖身運動。

做完五禽戲,教拳前必須與師對練雙臂碰撞,感覺耄耋夏師臂與掌硬如鐵石,於是乃尊囑找到一塊平整且重約六十餘公斤的青石,作基本功練習之用,方能塑成銅筋鐵骨,此方法本書將無私介紹。因習此功簡單輕快,成果明顯,使習武者十分有感,堅信「不招不架只有一下」不虛。它練法與一般所見不同,功效明顯。古時練此基本功,是要從頭到腳練築全身,唯筆者工作繁忙,只練雙手,即對敵所用部分。雖僅練局部,但威力頗為驚人。若敵人用「旋踢」襲來,遇到練就雙臂基本功者,閃擊對抗,很可能打斷其小腿骨。故凡具相當功力者應嚴以律己,不會輕易出手,且避打身體要害。

我練基本功,每日均抽空進行,相當費時,是要點滴積成。專心磨練、有恆不輟,乃見功效。練武則利用休息時間勤習。秋去春來,年復一年,日久心領神會,武藝與基本功並進。然武藝和文才皆為「強中自有強中手」,永遠不可自滿。終身奉行的準則,乃武道精神之所在。

習武至一定程度後,身心感覺特別舒暢,自信心更強,遇事鎮定,從容不迫,且增加包容心和耐心,這是始

料未及的「副作用」。在日常生活和工作上，尤能散發堅強耐力，做任何事均無辛苦感。樂於助人，具正義感。

　　因此習武真正對人的益處是多方面的，並非如古代，隨時必須要自衛、施展、運用。現代人習武，使個人成為文武全才，快樂安全的生活。

　　以個人為例，工作與習武迄今八十五歲，十年前，嚴重食物中毒，又服錯藥，導致胃穿孔大量出血八日，近乎失血過多，瀕臨喪命，緊急送醫以輸血保命，而好友則在中毒次日即因腎衰竭逝世。我則連輸八袋血因「排斥反應」尚需三、四袋，尚未輸完血便出院，體重仍九十五公斤，又生龍活虎般，不及一月便去大陸遊山玩水。

　　萬想不到十年後，當時胃裡的傷口未曾癒合。在朋友返臺一連數日餐敘後，突然胃痛難忍，經檢查發現胃中舊傷呈現黑色病變，是癌。手術切除順利，出院始深覺人生無常，開刀時八十八公斤，出院數月體重驟降為六十二公斤，乃思有生之年該將一身絕學，包括足傷急救術寫出，以免失傳。於是挺著甫病癒的身子忽促寫出《中華武藝精華》一書，唯出版社竟改書名為《亂世防身術 22 絕招》，與原意出入極大。今摯友徐永博士認為不如重寫較充實從容，認為距動大手術已五年多，可仔細發揮。今放膽執筆，仍願就教於同好，並感謝永兄之督促鞭策。

目次

中華武藝必勝拳概說

一、中國武術門派林立，名稱各異。綜觀當今流行供愛好者學習苦練的，多屬於「套路」，乃花拳繡腿，足供健身與表演。

二、所謂必勝拳法，是幾千年人類相互鬥爭，長期搏命；不斷依實戰需要，改進再改進的精華，是智慧結晶。因此講求一旦出手，定是「不招不架，只有一下」。是上乘武術基本要求。這和「花拳」、「套路」完全不同。

三、功夫與武術之不同。「功夫」應指「基本功」，是練武者終身勤習不輟的。「練武不練基本功，到頭依然一場空」。可見其重要。但基本功非武術，是練武必練的部分。而武藝則是對敵致勝保命的技巧。關係生死榮辱，是大事，必以高超技擊應對強敵。

四、上乘武術多合孫子兵法，非萬不得已，行「正當防衛」時始必須出手。凡決心擊敵，須佔領先機，要先下手為強，勢如瘋虎，直取敵人要害。達到「出其不備」、「攻其所必救」，令敵人無法招架閃躲。

五、本書介紹（傳授）的「絕學」，是「攻」、「防」一體。故極霸道，敵人難反擊。

六、本書武術內容部分名稱與海內外同，如「形意」

（心意）、「八掛」。但打法不同。一般傳承的均為「套路」，是為適合表演、健身的「花拳」。我介紹的卻是實用的「必勝拳」。所謂學拳必一流，二流難保身。

七、武藝再精深，未配合紮實「基本功」，出手擊敵，往往本身肢體自傷。故有「練武必練基本功」，把身體四肢練成「銅筋鐵骨」，周身似武器，不輕易出手，因動輒傷人，並能抗擊無傷，四肢即似鋼筋棍棒。

八、在本書正統拳術絕學之外，還有面臨失傳的「絕招」，如背後對要害之閃擊，迷踪步、飄風步，獨門步法等。另有奇襲絕招，令敵在「兵不厭詐」閃擊要害下重傷。

九、古代「捕快」（今之刑警），多為武術高手，而其面對各類盜匪，難免遇到技擊高的，必加以打擊以擒住，有時則見機行事，以抓住盜匪，繩之於法的目的。做到「魔高一尺、道高一丈」，始能萬勿一失消除盜匪。這方面本書亦有介紹。

十、中國武術精華，其最高境界在「不戰而屈人之兵」，故稱智慧拳。即靠學養見機行事，以言語動作，化解危機，此為上上策，是武術應具觀念。切忌好勇鬥狠。

十一、中華武術研習至高深處，令人莫測之化境時，心意形體融合，達到混然一體，應稱「武藝」，亦必文武合一之養成。不是一般人心目中「街頭小霸王」可比。且深藏不露，做到謙謙君子與風度優雅。

十二、習武者心智不同於一般人。心訣是「出門如見敵」。只要離開居家，自然為維護自身安全而瞬間注意哪

些是危險，預先防備，可做到安全快樂出門，高高興興返家。有此武術原則，那年東海大學狂生鄭某捷運上施暴，或可憑武術及聲東擊西的方式將其重傷以救人。兵法稱兵不厭詐，是對敵必用，亦武藝不可少的知識。

十三、武德是正氣，永遠站在堂堂正正，有理這邊。面對邪惡而為脫身不得不出手時，定要「先下手為強」，以「閃電」手，攻其「要害」。此即攻其所必救。同時一旦出手，便綿綿不絕、招招擊向人體各要害，使敵人自救忙亂，無能反擊。不過實戰時一出手應即結束。

十四、正氣凜然與出手刁鑽、詭詐無關。正氣是端正不歪斜，走正道。所謂「有理走天下」，唯習武者出手，定在面對不正者，如盜賊等，一旦被逼須「正當防衛」時，出手應全力以赴。換言之，身懷武藝者一定要把任何對手視為強敵，才是練武者獨具的美德與不敗之理。

十五、基本功。習中華武藝，和西洋拳不同，定得活到老練到老。我國武術中有「金鐘罩」、「鐵布衫」說法，其實就是基本功。本書介紹的基本功，類似此種特殊基本功。本書決公開練成方法。和亂練不同，是在極輕鬆方法下，靠時間、耐力、恆心，日久自成。以雙手而言練到有成績時，仍如未練時一樣細皮嫩肉，沒絲毫異狀。不會起老繭（老皮），甚至抄得變形。本書所練基本功，雖可達「銅筋鐵骨」般程度，卻完全看不出，足能配合拳術之「深藏不露」原則。

十六、華佗五禽戲。它是一種高級暖身、健身運動。

此運動種類頗多，各不相同。本書介紹的含「易筋」作用。三、五分鐘做完，必周身微汗。（重在扭動筋骨）

　　十七、步法，是如影隨形的關鍵。但觀海內外所有武術（包括西洋拳、跆拳、空手道、各門派國術等）拳法均無上乘步法。它是武藝中不可或缺的一部分，與變化多端，瞻之在前忽焉在後，神出鬼沒出神入化拳法的依託，少了神奇步法，高妙難閃躲的拳法難發揮到極致，相較於眾多武術，僅日本劍道有點步法，僅限於前進、後退，惜無變化。而本書介紹的將失傳步法，為飄風、迷踪步法。是配合拳術變幻無窮，可瞬間游走隨拳變換方法，且可臨危換位，將劣勢轉給敵人，又能以步法迅快脫離險境。

　　十八、正心、沉穩。所謂藝高膽大，即臨危不亂。古有「打人如走路」一句，形容鎮定「交手」，就像走路一樣自然。動如脫兔，卻心意平常。冷靜面對一切，拳術仍對人類貢獻出正能量。平時健身防身，增強自信心。

　　十九、習武者維護自身安全要領，此為必知防護。首重安全距離。每遇糾紛，應與敵對人等保持三、五步距離，以策安全。此距離使對方無法出手，敵進則我退，敵退我進，總以保持三、五步距離為原則。這類知識聯想頗多，書中將詳述，為「路邊防身要領」之一。

　　二十、女子防身術。古代稱「玫瑰錦囊」，意即美麗而多刺，不可輕易接近，否則將被刺傷。而「錦囊」是妙計，不可輕易示人。本書亦加以解說。

　　二一、介紹將失傳的扭傷足踝立即復健術，傷者凡未

傷骨者，則急救即可恢復正常，行走自如。筆者曾有多次救人的紀錄。看是否傷骨，端看其腳趾會不會動，能動者未傷骨。

二二、習武的目的，通常是興趣、防身、健身。本書對防身武藝有突出介紹，以實用為主，不宜比賽，只適合表演。因拳、掌出手必傷人，但比賽要戴手套，難發揮功力，等於廢了武功，故不適合擂臺鬥爭。

中華武藝知多少

　　在中華民族五千餘年中，經過多年磨練戰鬥，及內亂、外患，武藝技擊在中華廣闊大地上繁衍。由於東、南、西、北及中原之地交通不易，民情各異，乃發展出眾多武藝派別，特色不同，各有絕學「狠招」。唯相傳各武學在名師授徒中，常暗地保留最厲害部分，造成今日各門派拳路重套路、花拳，少實戰能力。故筆者觀各類國術表演或比賽，均不出花拳繡腿範圍，令人失望。

　　目前中國國術，就筆者知，介紹如下：

　　一、形意拳；二、八卦掌；三、太極拳；
　　四、通背拳；五、少林拳；六、白鶴拳；
　　七、八極拳；八、詠春拳；九、太祖拳；
　　十、查拳；十一、猴拳；十二、羅漢拳；
　　十三、二郎拳；十四、韋陀拳；十五、六合拳；
　　十六、洪拳；十七、潭腿。

　　此外有各種器械、摔跤、擒拿及巧鬥等，都有各自有獨到技藝，亦出了不少名家。不過時日久遠，代代相傳之下已多有出入，所謂能「不招不架，只有一下」，僅在書

史中多所記載，鮮少見於實戰。

如今，人類科技大暴發，進步神速，而人的本質卻出乎意料地停留在物競天擇，弱肉強食，野獸性格依舊。歐美等先進國家炫耀武力，以武力脅迫不受控之弱勢國家。整個世界正如春秋時代般動盪。

在生活中，時有威脅，燒、殺、掠奪。依然極不文明，宛如衣冠禽獸，對我國古聖先賢提倡追求的異於禽獸，具理性、仁愛互助，高等動物境界，竟嗤之以鼻。人吃人、人殺人、人鬥人、人打人的社會未因科技發達，生活物資享受而消除野獸性格。故今人依然生活在亂世，危機四伏。聖賢之道難行。而高深武藝竟廣受重視。由於人類尚無清醒之日，仍屬衣冠禽獸，則老祖宗之兵法與武藝防身、健身，就為生活和生存不可少。

在武藝歷史中，前述各種武藝皆有其獨到的打法。均曾記載史冊，特別是形意拳、八卦掌、太極拳等，各派宗師及傳承者無不功績標榜，相傳至今，竟看不見書中或史冊記載的威力，也許仍有獲致真傳，卻深藏不露，再過若干年便真的失傳了。筆者不敏，學藝不敢言有成，但自認已入門，知何者為花拳繡腿，或只為表演，不能實戰者。而與筆者所習「正宗」太遠，且少見。是決心寫出主旨。希望古人一代一代相傳精研武藝能登峰造極，實戰精華能夠延續，甚至發揚光大，則心願足矣。

目前筆者較有心得者，為形意拳和八卦拳的正確打法。所謂「正確打法」，即具強大威力的打法，以及特殊

步法等。另外還有些絕招，未在各次表演、比賽出現。如
不加以介紹，恐因而失傳，是我國武藝界的損失。

其次夏師傳授絕世武藝，間或深談理論，常涉及人生
哲學，認為習武應不忘文治，起碼要知儒家哲學以養正
氣。人生才能走上正確道路。對習武人之修養、品德培育
極為重要。身懷武藝必修文以駕馭。古代如岳飛、戚繼光
等名將，莫不是文武兼備，其習武均以實戰為主。

基本功的特殊練法
（含易筋華佗五禽戲）

　　為了配合上乘武藝，達到「不招不架，只須一下」，就得在基本功方面下功夫，把全身上下練成銅筋鐵骨，特別四肢要像鐵棍般，拳、掌如錘、如鈍器，所謂打到敵人身上任何部位「都算」，也就是受傷，當然打要害更有致命之虞。

　　一般習武者常研究身體各部重要穴道，以為是攻擊目標，其實只是武俠小說作者的憑空想法，因為實戰中瞬夕萬變，無暇精準捕捉穴道，何況基本功練到相當程度時，出手傷人，比攻擊任何大穴更為厲害。

　　此外，筆者練的形意拳、八卦掌，即所謂能稱必勝，必須有強大結實基本功的身子骨，尤其「身隨拳走」。以筆者青壯年時，體重保持九十三公斤有三、四十年之久，且無「啤酒肚」，單槓引體向上可以標準姿勢，不取巧的做九次。說這些，主要是告訴讀者，「人隨拳走」之可怕。即一拳擊出，九十幾公斤如大鐵蛋的人身，也如閃電飛撞而出，於是鐵拳加鐵體又加速度，試想什麼敵人頂得住，再想馬路上汽車會造成傷亡，只因其重量加速度，而必勝拳不但重量加速度，其中還有拳法和練成的基本功。

　　因此練基本功確實重要，而基本功的先訣條件是為耐心。古人云，練功有五忌：一、忌荒惰。不可如三天打魚五天曬網，要有毅力，每天必抽空進行。二、忌驕矜。俗稱「半吊子」，即剛練點武術和基本功，便自以為很不錯，一副得意驕傲模樣，自滿則難進步。要知武藝（拳術）和基本功，與讀書求知同，是永無止境的。即活到老練到老，絕不可滿足。三、忌躁急，練功顧名思意要極大耐心，尤其不能急，它是點滴積累，日久而見其效。四、忌沒耐性等，要按步就班，更無法走捷徑，有如跳躍似的成績。五、忌酒色。自古凡愛惜身體皆知酒色傷身。酗酒亂性，最傷身，練武者更當避之。

　　關於練基本功的時機點，主要在配合拳術，當開始練拳時就必須同時開始基本功練習，且自此終身不停。而練此形意拳與八卦掌皆屬智慧武藝，年紀太輕反不易理解，高中以上青壯年尤佳。約三、五年勤練武藝和基本功定小有成就，奠下良好基礎，使武藝與功夫並進。

　　談到基本功，最理想是從頭到腳，把整個身軀練成如戰車般。所謂銅筋鐵骨，古時稱金鐘罩、鐵布衫之謂。然非氣功，而是用器械練成，而器械種類頗多。古時有「鐵砂掌」、「一指禪（功）」今少林寺僧仍在練，「井掌功」（井拳功）、「鷹爪功」、「拔樁功」、「分簾功」、「竄跑功」、「跳坑功」、「壁虎功」、「斂陰功」、「鐵腹功」、「鐵牛功」、「鐵布衫」、「鐵背膊」、「紙篷功」、「馬鞍功」（以正拳擊石）、「砂包陣」、「仙人掌」、「蝦蟆功」、「鐵掃帚」

（只練小腿）、「玉帶功」、「觀音掌」、「鐵頭功」、「合盤掌」、「臥虎功」、「蜈蚣跳」、「鐵砂袋」（拋接）、「拈花功」、「推山掌」、「點石功」、「鎖指功」、「彈指拳」、「螳螂爪」、「鞭勁」（雙肘下壓勁）、「鷹翼功」、「霸王肘」、「千斤閘」、「蹬石柱功」、「走梅花樁」、「翻騰術」、「達摩渡江」、「上磚功」（練握力）、「竹葉手」、「石鎖功」、「龜背功」、「石荸薺功」、「柔骨功」、「琵琶功」（練十指力道）、「鐵膝蓋」、「拍打功」、「穿簾功」、「華佗五禽戲」等。以上各種軟硬功法，皆大都擇自靈空禪師所著的《乾硬功練習法》。

由於社會進步，強健筋骨不必以上器械和方法，只要到健身館使用各種器械已足夠，或自備啞鈴（能增減重量的「調節啞鈴」），其能以多項動作強身上各部位筋骨。再配以一百二十公斤調節槓鈴，可主要蹲大腿，加強腿力，和「早安運動」雙手握槓鈴，由四十公斤增至一百二十公斤較合格。即如九十度彎腰似行禮姿態，專練腿力與腰力，把背脊骨兩旁肌肉練強，再臥舉練大胸肌，和曲肘向上至胸前以練臂力。這些運動已能勤練不停而強壯筋骨，如在健身館，則項目更多，周身皆能練到了。故吾人亦當與時進步，捨舊器械改用現代化方法，更能事半功倍。不過要切記操持各種器械應注意安全。另每項筋骨加強動作必要重覆六次便極吃力，很難再加一次時為準，中間休息約一分鐘後再做六次，如此須連做三次，再換另一組動作，也窮一身力氣只能正確姿式做六次為準，連做三次，

即共十八次始合格。

在作各部筋骨加強運動時，呼吸的配合十分重要，即凡用力時吸氣，動作停，吸氣也停，恢復常態。這很科學，因用力需氣，吸氣是加氧，所以重要。過去練功者在用力時閉氣，其實是錯誤的。出（用）力時需要耗去大量氧氣，吸氣即加氧。是很合科學進步的。每項筋骨加強訓練要做三次，中間停約一分鐘，可使要加強部位徹底運動到。至於每項目從連貫六次起，是起馬（開始）的重量，然後隨時日增加至二十次任力量有餘，做起來覺輕而易舉時，則必要加重至每項做六次無力為準。如此循環各項類此增重，自然全身筋骨越練越強，成為適於練武，和練基本功好材料，即身體基礎。

以上為強身健骨，還不算是國術要的基本功，基本功另有學問和方法。介紹如下：

一、基本功非武術，卻是配合武術必不可少的功力。武藝再高、再好，出手自傷，如以朽木棒打人，結果可知。故一定要把自己練成銅筋鐵骨，使身體四肢像銅鑄鐵造，自能與上乘武藝融為一體，凡出手必傷敵，自身亦不易受傷。至此程度時，即不輕易出手，善忍讓、具休養。

二、練基本功並不難。只需一塊六十公斤左右大石，不必平整光華，作為練雙拳、掌各面向與雙臂陰、陽各面之用。再備一塊約二尺長、五公分厚的生鐵。

三、練功不傳之密，說穿了也許一文不值，但如不告訴你，可能幾百年也想不到。

　　所謂「功夫」，顧即思義，即要花時間，故筆者一生繁忙，只能選擇性先把最關鍵的雙手各部位，如拳的正面「握拳」正前方，及上下左右。掌的陰、陽兩面，和左右側面，同時要一起練的是雙臂的裡外部分。

　　四、筆者選這幾處非練不可的肢體練，主要此真功夫練習確需時間，這就是訣竅之一。

　　我們常見一般武術，不論國術、跆拳、空手道等平時所謂練基本功，或練「擊破」等，與本書談的完全兩會事。

　　以筆者練功經驗，在把必要練的部位，不管是拳、掌、各部、臂之右左兩面，每處擊石必以弓步或馬步行之。而每擊到大石上不可像砍菜板馬上揚起（離開板子），而要一下一下的打擊，每接觸石頭瞬間，必須剎那停留。且向石用暗力按一下，才算一擊完善。同時次數要多，即每部位起碼擊石非五百下不為功，因此每日單練雙手和雙臂最少得三千下，最少要一個多小時，再花兩小時或一個多小時在武術訓練上，時間空出不易，今人多為業餘愛好，時間不足以練全身。

　　拍打技巧說穿了，是求多而不求重，所打擊石頭力度在感覺「微痛」即可，日積月累，最終能達到全力擊石而無感，即完成此部分訓練，也因自知出拳之威力而不再輕易出手，以免傷人。

　　五、至於練其他部位，秘訣同雙手。所不同為以手持鐵板擊向欲練部位，如頭頂和前額、左右肋骨。其他「鐵背」、「鐵臀」等，則可選一面厚牆，或大樹主幹均可。背

靠牆或大樹，以雙肩左右扭擊大樹主幹或以牆代樹，再以臀擊樹幹或牆面，方法與練雙手和雙臂同，也須每擊覺微痛。總之任何打擊次數越多越好。五百下只屬基本數量，誠所謂「功夫」是也。

以上就是配合我國上乘武藝必備配合練的基本功。我認為李小龍跆拳道之旋踢不好，等於把腿舉給人攻擊，且一腳既出，只靠後腿支撐身體，是自陷危境。如用形意拳，則橫拳的速度對其小腿架擊，同時身體隨拳飛向對方，如對方是李小龍，自亦難撐此勢如瘋虎之一擊，同時此一出手便不會停止，必將其擊倒不可，則又依成熟（練成）的基本功，對方受傷自不在話下了。最厲害基本功，原來這般簡單練成。它更是沒底，也就是沒有止境，成度高低因人而異。

六、暖身運動不可少。吾人無論準備做任何運動之前，都應該花幾分鐘做暖身，使全身肌肉活動一下，再練拳術或基本功，防止身體因突然用力而受傷，故必先暖身以活動筋骨，這是現代任何運動前不可少的。

以下介紹三種暖身方法：

（一）在健身館，可用輕量槓鈴暖身，即站在槓鈴前，雙腳與肩寬，彎腰俯身，雙手握槓鈴，兩手距離約較肩稍寬。抓緊後，雙手提起向上舉過頭，再放下，再重複做六次以上，上舉時吸氣。如此每連續六次休息一分鐘再做六次，共三組。（重量以輕鬆做為適合）

（二）撐手。這是練拳或練基本功不可少的「暖身運

動」。首先雙腳站立與肩寬，兩眼平視，舌抵上顎，正常呼吸，一般習慣由左邊開始，兩手下垂，起手五指自然鬆散，不用力，將手突然快速提起至不能再提時，再加快「揮」向比自己頭更高的方。這就好像用手丟重物一樣。換句話說就如同用繩子前面綁一石頭往前上方摔出，即手臂不用力，力道在手掌上。左手掌揮出迅速收回時，立即揮出右手。這樣交替向前面上方揮去，每隻手約做十五次，休息一分鐘，共加起來三組，做四十五次，全身應已活動了。還有左右揮手可邊揮邊走，如運動地方較大，就掌揮出左手時，立即向前跨右腳出去，像走大步般左右邁進，同時隨「前腳」腳尖轉向而身體亦跟著向左、右或後急轉。使暖身附帶練形意拳靈活對四方八面的腳下功力。

（三）華佗五禽戲。筆者在眾多「五禽戲」中，經觀察研究後，認為夏師傳應為真傳無誤。因其動作簡單明確，且每一動作點出禽、獸運動天賦本能，依此野生而健康所依，卻為我古代名醫，東漢時華佗行醫之餘觀看禽獸得以延年益壽之秘，乃研究出「華佗五禽戲」，取鳥獸常作動作以模仿健身。此運動有扭曲筋骨牽全身作用，卻只要花五分鐘，做完周身微熱，也是極佳暖身運動之一。

在五禽戲中，夏師更加了「頂天托地」、「拉弓射箭」、「拍拍胸、背」、「揉腹彎腰」與「車輪倒轉」等，把這「序動」做完，接著華佗五禽戲才開始。

序動起式，雙腿直立，兩腳前後併齊，左手向上彎曲，手掌平放，五指伸張，當上提至左耳根時，反轉至四指朝

耳後，拇指朝前，掌裡（陰面）朝天。當左掌朝天在伸直（貼耳後）過頭時將朝天的左掌翻轉恢復垂於左大腿側。

同時右掌左曲掌心向上，提至右耳根，將掌翻轉成拇指在耳前，四指在耳後，再貼耳伸向頭頂至極限時，把掌反轉緩慢回到雙手下，此即「頂天托地」。

接著「拉弓射箭」：兩腿站成「馬步」，左手伸食指其餘握拳，曲臂胸前，穿過同時上曲的右臂，左手用力緩緩伸向左方，同時左手掌九十度向上，其食指直立掌伸向左方，右手則彎曲在胸前用暗力向右後方，即成「拉弓射箭狀」。在「引至極」後，雙掌改拍胸部十二下，再握雙拳彎於背後擂擊十二下，然後雙掌置腹部順時鐘方向，逆時鐘方向各撫揉十五下。接著彎腰垂手，雙手掌十指掌心朝上，指尖相對（左掌對右掌），緩緩向上提，至胸前分開，雙掌相對同時高舉過頭向上伸直，即雙手指彎曲食指到小指相貼，置於頭頂百會穴之處，接著兩掌順左右後頭滑下，自然經左右身骨，由背部滑下，在不得不分開時，來個「車輪倒轉式」，把在背後雙手從雙腋（胳肢窩）抽回在胸前用力握拳迅速鬆開，如此數次，再恢復原狀。

接著華佗五禽戲開始：

第一動為鶴形，取其延年益壽。所謂松鶴常青，雙腳站立伸左腳，向左邊盡力往上抬，同時右手掌向右上方伸出，望去右手臂和左腳成一斜線，當右手和左腳皆引至極後恢復站立。再伸右腳於右方，同時向右上方抬高至不能再高。同時左手指向左上方。恢復原站立姿式。

　　第二動：鹿形，自然站立，左腳跨大步成「弓步」，同時右手舉向高過頭的前上方。而左手劃過左膝蓋滑向背後，手背貼於臀部上方處。頭並從左邊向後看，叫做「鹿顧」，把頭向左後方轉到不能再轉，才恢復原狀。收回左腳，跨出右腳如剛才的左腳，也是「弓步」隨即舉左手指向前方高過頭，右手劃過右膝蓋至後面臀部，以手背貼臀部，將頭轉向右後方，至不能再轉時止。恢復原狀站立。

　　第三動：熊形。雙腳左右大分開成「馬步」，左手斜伸胸前指向身體右前方，整隻手及臂膀盡力向左扭轉，擰得越難受越好。尚「引至極」後即恢復自然站立。立即再蹲馬步，伸右手指向斜左上方，同時整隻手臂向右面自轉至難再轉時恢復自然站立。再以馬步，雙手臂同時伸出與胸平，左腕搭右腕上，雙雙向前伸直，左掌向右轉，右掌向左轉，兩者轉到不能轉，即「引至極」了。可再恢復自然站立。

　　第四動：猴形。先出左腳，腳跟著地，腿打直，彎腰，雙手左前右後，用力彎下數次，在拉左腿筋。收左腳恢復站立。再出右腳，以腳後根著地，雙手右前左後，彎腰、雙手尖指向腳尖，腰用力下彎數次，似拉右腿大筋。（通常會感覺拉筋頗舒適）。然後恢復站立。

　　第五動：虎形：身體左轉，左腿高抬至九十度與地面平行。左手彎曲握拳如跑步狀，左肘盡力向後挺，右臂直伸與抬起的左腿平行。此姿式維持約五秒後恢復原站立式。再抬右腿與身體達九十度，與地面平行，伸左臂和右

腿平行，右臂彎曲似跑步式，左手用力前伸一下，右臂向後用力一下，用意在著力處收拉筋之效。以上即夏師所傳華佗五禽戲，用意及功能在「拉筋、疏展筋骨」。

最後五戲做畢，再加個「車輪倒，雙掌併起貼肚臍處，左、右揉轉五圈。微微用力，接著兩手分開，順左右腿往下至身不能再下彎時雙常尖相對，緩慢隨身體直立後，再往上分開，過頭，於頭頂指尖相對合（食指、中指、無名指、小指）相對。曲臂將雙掌八指置頭頂「百會」穴處，再各順左右耳後滑經前胸，再高舉雙手用力握拳、鬆開，三、五次結束。此為最佳暖身法。

不管練拳或暖身運動，呼吸應採「正常」方式，原因是不易勞累，也是順乎自然之意。

其實華佗五禽戲，不但可作練武前的暖身運動，也是一般未練武者，每天早起、睡前花約五分鐘，最好的暖身，讓全身放鬆的最佳運動。早晨做完，精神旺，早餐食慾好，工作有活力。晚上睡前做五禽戲，能易於安眠。

中華武藝──國術淺談

在漫長大歷史中，人未曾停止相互鬥爭。雖然二十一世紀一切已現代化，但小至個人，大至群體、黨派、國家、團夥，無日不在傾軋。因此有謂「人類歷史就是血淋淋的鬥爭紀錄」。既然彼此戰鬥不斷，在槍砲未發明前，便由格鬥經驗累積，研究改進終成「武術」，格鬥技巧代代相傳，不斷改進。又因地大，各地發展出的武術（打鬥技巧）各不相同。

在歷史長河中，最早擅以赤手空拳打鬥者，被稱拳勇。春秋戰國時期稱具拳術者為武藝與技擊。至漢代稱技巧，滿清稱技藝，或技勇。民國以後有稱國技，後定名稱為「國術」。故今日只要老祖宗留下的武術，不論門派內容各不相同，發源地各不一樣，統稱國術。

西元前一千五百年前軒轅黃帝打敗蚩尤，即已有戰技，士兵和將領均能以拳腳、器械征戰。西元前一○五○年周文王時代武術已成學問。此後歷朝歷代自天子以下皆把「武備」認為是治國平亂大事。西元前七七○至四○三年間，是春秋戰國時代，多國爭戰，至武術技擊大盛，並出現迄今為世人研究適用的武學。以孫武為首的武經七書，現在二十一世紀軍事雖已進步至立體化，但軍事理論

仍不出我國「武經」智慧之指導。春秋戰國時魯國出了位大哲學家孔子，是儒家宗師，曾代理魯國臣相，只三個月即大治，後世認為孔子留下的聖人教誨做人治國之道的「論語」一書，實施一半足夠安天下。(即稱「半部論語安天下」)

　　孔子任大臣能於短時間獲得良好的政績，隨後又周遊列國推廣他偉大的思想，在當時亂世，如何能安然屹立險境。據孔子七十三代傳人；北大教授孔慶東研究，孔子有高深武功，在孔子教導青年必能做到的「六藝」，禮、樂、射、御、書、數等六種技能，始合當時標準，其中便含武術。孔子身處亂世憑高強武功通行遊走而無傷，堪稱允文允武，吸引有志氣者追隨學習。按古書記載，孔子父親能「力拔千鈞」，孔子自天質不差，加上深藏不露絕頂武功，應屬極平常之事。故可知武術實戰，是古代普遍與必須具備防身、保家、衛國能力，武術研習演練是安身立命根本。於是在天南地北錦繡大地上，孕育出許多形式、打法不同的武術，演變成各家門派。

　　目下人類已進入二十一世紀，科技發達、交通便利，地球變小了。但是由於人類本體、內涵仍屬叢林野獸般，不知仁愛互助，各種武器日新月異，向強大殺傷力的趨勢發展。試想古代沒有槍砲，靠的是個人武術。雖後來演化成器械，而分為「十八般武藝」之使用技巧，即對敵攻防等。在幾千年磨練，涉及生死存亡的武術，自與高深兵法同樣成就非凡。

各地文武人才輩出形成不同絕學。武術實戰技巧各有專長，致有「強中更有強中手」的認知，也就是不論那一門派或個人，不可自視太高，為我獨尊。自古習武者功力越深武德亦高，且以「深藏不露」為原則，凡事能冷靜面對，從容應付。尤重武德與俠義精神，愛扶助弱小。

大陸習武者眾多，門派也多，各有獨到部分。至今較流傳普遍的如太極拳，含棍、劍，及招式各異的派別。

一、少林拳，相傳明末武藝高強者欲反清復明，至河南嵩山少林寺推展武術，至今仍延習著獨特武藝。

二、通臂拳，是古時流傳於河北省一帶，屬猴拳類。其中又分出猴拳門、行者門、大聖門等。其中主流為白猴通臂拳、劈掛通臂拳、少林通臂拳、五行通臂拳、通臂太極等。按通臂拳史，此拳也屬上乘拳法，古代習武者，武將亦多通曉勤習。

三、白鶴拳，在臺灣中部國術界可見。但中國武術史中，稱「虎鶴雙形拳」較妥。記得民國五十幾年，日本空手道九段師範中山正敏曾訪問臺灣，作武術表演並參觀中國武術表演。

當他看見南投民眾表演獨特「翅膀打人」，即用肩膀攻擊靠向自己的敵人，立即令日本空手道九段師範驚奇，事後要求能採用國術「以肩擊人」的白鶴用翅膀攻擊敵人方法，增加日本空手道規則中，寫入此奇特漂亮的一招。

從日本武術名家向中華國術會，提出准許將貼身時，四肢難施展，無法攻擊，敵我雙方膠著剎那，如用白鶴拳

中以肩膀（翅尖）發力攻擊敵人身體，是驚人一擊。此事亦證明武術是無底，沒止盡的，它不論那一門派，都是不斷研究改進的，而中華武藝各拳種傳下者，無不能經錘練，千年演進，其威力、變化已臻登峰造極難以超越。

不過今之鑽研中華武藝者，發覺當今世面流傳的各派名拳，以八極拳為例，精髓不見，而筆者觀看各名拳、宗派亦發現表演公開的武藝，威力與書中描述，古代名家拳史記錄差別很大，看不出威力。（常敗於洋拳及搏擊者）

專以筆者學得的「形意」、「八掛」等拳術看尚未見過有武術界演出相同具實戰威力者。儘管「形意」、「八掛」各武藝，同名者多，唯觀其演出，或由光碟細讀，總不出「套路」，或供好看觀賞的「花拳」，書上記載的震懾、威猛，千年結精拳法，如今以難見。我曾問大陸國術愛好者，他回答是新中國建政初期，因恐太厲害的武術會輕易造成傷亡，便透過掌管武術的機關，只鼓勵武術以套路健身和表演為主，保留各拳種實用傷人部分，是否真如此，尚待查證。唯在臺灣看形意、八掛武藝表演也失之威力，這應是筆者想在八五高齡，欲寫下畢生習武「深藏少露」，親朋好友，甚至同班同學、同事等，幾乎都不知我到底學了什麼，是運動還是什麼？習武從未驚動周圍的人。直到三年前病癒怕所習失傳，才匆匆寫成書，而書名原擬為「中華武藝精華」，經出版社改為《亂世防身術》。當時匆匆寫作，未盡者多，乃必須重寫。

從本人習武經驗，發現我國武術經長期實戰，必然不

看即知每拳種定有特長，值得傲視群倫之特殊「拿手貨」，唯看實際拿出的，每與書裡記錄，形容的情形落差太大。是筆者願重寫「形意」、「八掛」實戰，能保存威力，與所見聞的同名，打法完全兩樣的主因。包括罕見絕招。

至於中華國術史，這中間數不盡的戰爭，習武者不計其數，門派繁多，各有不凡歷史。本書則以實戰必勝為主軸，特點是實用。以個人安全為出發點，詳細介紹和解說不同但實用的「形意」、「八掛」，以及外界未見的絕招。

另外對敦品勵學，塑造武者應配合養成武德，是非明辨，豪俠仗義，抑強扶弱精神培養，亦習武者應具條件，自是本書所提倡。

本書對各派武術沿革少有著墨，因時間久遠，傳言各異，創始人說法不同難已查證真偽。因此重點著重於筆者親身所學。不管什麼門派，重要在實用。在家門口、大廳裡、辦公廳、咖啡館、馬路邊等等，身懷武藝保身護人至上。總之，不論身在何處，面對何事，對習武者而言，其面對時會比一般人的困難少很多。這是習武者「不戰而屈人之兵」容易辦到的優勢。因身懷武技而遇事鎮定、自信、從容自然，此已佔先機。

實戰武術與套路不同，套子拳的打法循固定方式一招招打下去。譬如形意不但打法一同，基本起手之「三體式」在實戰對敵只須自然站立，不做架式，使敵人不知我會不會出手攻擊，不是拉開架式，讓敵人先嚴陣以待。降低我方一旦出手，敵人已有準備。既然是實戰拳，則隨時

有交手警惕、備戰，一旦非出手不可情形出現，要能閃擊，且權衡周邊環境，加以有效利用，是習武人熟知能立即運用技巧之一。故不同於表演「套路」，是極簡化，依實際狀況，用最便捷具強大威力那一拳定輸贏。此即本書介紹「實戰拳術」與套路完全不同的地方。

形意拳實戰篇──筆者打法

　　形意拳自古通稱「必勝拳」。它練就基本功，以配合無敵拳術，自然成「無敵拳」，即「必勝拳」。

　　形意拳出擊兇猛、敏捷、沉重、詭詐。幾乎招招皆奇襲，特別是攻、防一體。故不考慮敵人反擊，由於「攻其所必救」。儘管出擊中練成了基本功，拳頭打到敵人身體任何地方必造成傷害。但形意拳仍要求攻取敵人身體各處要害，一擊不死亦重傷。因此練至成熟的形意拳必善克制、低調，萬不得已，或生死交關，正當防衛，始能出擊。既然出手，即直取敵要害，頭、眼、鼻、口、太陽穴、耳、頸、喉、肋、胸（心臟部位）、小腹及下陰等。如此目標（打擊點），同時拳術屬「攻防一體」之高明，完全不顧慮敵人反擊，尤不敢行「交換」，即「你打我時，我也可打到你」，而必得把欲攻擊的手或腳收回來救「要害」。此正是形意拳霸道的原因。其威力亦在此。特別是身隨拳走，亦身體跟著拳飛出「投向敵人」。

　　實戰的武藝，不能有花招、落套。它是出奇的簡化，動如脫兔，疾如閃電，招式狠又穩，力量強大的源頭，在「打人如親嘴」，要求急進貼上，「身隨拳走」，等於拳是砲彈頭，身是砲彈尾，渾然一體。換句話說，每一出拳，

人也一起疾出，其威力可想而知了。唯當夏師所授之八卦真傳「威力掌」與形意拳柔合，則能變幻無窮，收出神入化之妙，使中華武藝上升到最高境界。以下為筆者說法，將多年精華寫述如下：

一、實戰劈拳，可迅速攻擊四面八方的敵人。不講三體式，隨時出手，對準敵人，左、右手出擊皆同。如先以右拳劈向敵人，則右手在前直取敵人頭部，左手護自己下盤，在前後手發動打擊之剎那，雙拳一前一後放握拳為掌，同時跨大「弓步」衝（貼向）敵人，目標敵人頭部。右掌擊敵不管打中或因敵人閃退，則立刻出左掌跨左腿追擊，且可依前腳尖指向變換攻擊方向追擊，譬如突然後面有敵，則須馬上將後腳尖轉一百八十度向後，同時上身先前傾後迅速翻轉，後手畫弧形防備，瞬間方向由面對正前方，變為面對正後方。（依前述施擊）

劈拳動作簡樸、勇猛、攻防一體，專攻敵人要害。同時手腳相配合，一手出擊，一腳則跨大弓字步挺進。也就是左手出擊便跨左腳，右手出擊便跨右腳。

夏師指劈拳擊出變成斧，威猛強勁，絲毫不給敵人喘息空隙，先發拳主攻，以掌傷人，雙拳乍動均翻轉成練就基本功的鐵掌。同時為求必勝亦可轉換成「鐵爪」，雙手雙腳交替猛攻，不給敵人喘息或還手機會。

劈拳的腳跨落奇重，有踩踏敵人的攻效。左右手皆可成為劈拳實戰中的主攻手，如以右手主攻，則右拳直撲敵面，左手跟進，旨在護住下盤，同時猛然跨大步（弓字

步）踩向敵人，在右拳與左拳一前一後發動攻擊的剎那，已均變成「鐵掌」，像重斧劈向敵人，且左右掌連環出擊，左掌、右掌交替猛「砍」，同時左右腳成推動機。即出左掌挺左腳（大步前進），右手擊出則跨右腳。如此貼住敵人攻擊，是形意拳不退讓的特色與要求。這原則應屬罕見。因形意拳實戰時，應是「不招不架只有一下」。

實戰經驗談，如夏師警語，即面對任何敵人，都要假設其為最強者，必嚴肅以對，始能立於不敗。（拳、掌均要具滲透力）

二、實戰崩拳，顧名思義，出拳具震撼大，有地動山搖之勢。崩拳不但攻防一體，且是奇襲，極端強勢，是一旦出擊便「典型勢如瘋虎」。難怪古時形意拳名家曾以「半步崩拳打遍天下無敵手」的驚人紀錄。

崩拳出擊之所以稱半步，是因其勇敢無畏，攻防一體，步法是「硬弓步」，欺敵猛，貼近施為。故交替硬頂的雙腳以半步式強力搶進攻擊。

崩拳可任由左拳或右拳出擊。如欲先出右拳，則墊步（大跨步）朝敵人貼近，同時以左臂彎屈九十度揚起，像門簾般掛向敵人頭臉，儘管敵人必須反應伸單手或雙手搶救，都將被此曲臂壓下，而瞬間當左曲臂由敵人面門下刮至要害，右拳立即「偷擊而出」。也就是貼近敵時曲臂（小臂胳膊），像門簾似的沒頭沒臉刮壓下來，把敵人必救之手壓下，隱於後面的右拳，在左橫臂肘從敵人頭額刮下，至鼻子部位時，右拳便「蛇擊」般突然從胳膊間對敵

面門猛擊，於是雙臂交替壓下敵人救臉的手，左右開弓，
敵人救臉的手不斷被壓下，要害不斷挨打，無法護臉。因
此拳連續快速交替打，且先手是刮打，後手為偷襲，而不
論左右腳，那隻腳先，就先下去。不須換腳，每一屈臂刮
敵臉，另臂便出手偷擊敵要害。看上去即「臂下拳衝」威
力驚人。（攻擊之拳皆屬直拳，快且重，又專打要害）

夏師認為崩拳重在一手出拳時，另手屈小臂刮向敵人
要害，敵人必救其要害時卻被屈臂刮下，就在下刮之際，
另隻主攻主打的鐵拳已有前手屈臂刮打間襲擊敵要害，而
腳不分左右，只要配合前手的腳，每攻一拳，便記下一
筆。敵人欲全力搶救的雙手，又被崩拳前臂刮下，讓另一
主力拳打個正著。這前手屈臂刮向敵人，在今之武術表演
場上，不論臺灣或大陸尚未看見。至於劈拳打法也和一般
所見不同。

三、鑽拳，與崩拳拳路相反，一出手屈臂刮向敵頭
部，另一後手趁前臂刮打中間，出拳在前屈臂掩護下突由
下穿擊敵頭，是由下向上打擊。而鑽拳不同於崩拳，在前
手屈臂如前同，但卻在前手屈臂從敵面門下刮時，後手握
鐵拳在前臂掩護下，猛攻（擊）敵下腹，亦為兩手（拳）
交替強打，而腳的步法亦跨步向前為硬頂弓步。當配合前
手出擊，跨出之腳，不論左右，接下來前進步法均為「半
步」，變更打擊方向，只要足尖先改變，指向前、後、
左、右，則身體隨之轉向，非常靈活、敏捷。（實為瞻之
在前忽焉在後狀）

　　鑽拳實例，首先右手橫屈，跨右弓步逼向敵人。此時右前臂如放門簾般，由上往下刮向敵人面門，左手握拳，於右臂往下刮的同時，猛力出拳偷襲敵人下盤要害，在後的左腳隨即往前靠，接著前手往下扣，後手鑽出，變成橫臂在上，直臂在下的十字交叉狀。鑽拳的步法特色為，前腳跨出後，後腳隨即跟上，保持「前腳先行後腳蹬」之勢，如果敵人往後閃，我則跟進半步，左右輪流刮打，連綿不斷的快速打擊，令敵難以招架。若敵人迅速後退，我則以大弓步（起後腳）貼上，繼續刮打追擊。

　　特別注意的是，進步出拳時，前腳須有踩踏敵人的勁道，而肘如虎撲，為了有效追擊，左右手交相出拳時，每出一拳，不論左、右，均以小跨步（半步）貼上敵人，以利有效打擊，如敵人往左避，我腳尖隨之轉向左方，同時轉身向左。並且跨右腳踩之，手臂動作同前，右橫臂刮向敵人，隨之左直拳擊向敵人下盤要害，轉向右方攻擊時亦然。但如果要攻擊身後之敵，則以後腳跟為軸，轉一百八十度，再跨出前腳踩踏，同時出拳，按鑽拳模式攻擊。

　　四、砲拳。砲拳除攻防一體外，其進擊則與一般想像不一樣，也是目前「同行」中尚未見到的打法，為「左右連環砲」。一拳內擊另手則屈臂如「拉門」護住上盤，且步法特殊，似「馬步斜衝」，成攻防威力，使當之者難擋披靡。即出右拳時，向敵右前方跨步，同時曲臂由身體右下揚起，從右掃向敵方左臉，並閃電出右拳。重要的是同時突動。

　　夏師青少年期間，家裡父輩為徐州士紳，富裕，有鑑於世道不平，盜匪橫行，乃要求子女修文習武，以應對亂世，故夏師得獲國內武術名師三十餘位尊重，在談到形意拳時，觀當今演出或成書中，皆欠威力，是否這些武術家的師父未予真傳，為留了一手，故教授之間稍加改變，則威力差之毫釐謬以千里，是否如此，夏師極為納悶。故筆者斗膽以此書紀錄問世，恐夏師之實戰形意「必勝拳」真傳埋沒。乃以經嚴重食物中毒未「駕返道山」之軀，勉力為文，就教於方家，並紀錄所學。

　　實戰砲拳，能隨心所欲左、右，前後、四面八方任意衝擊，其還能閃退照打，稱「退擊」。而此砲拳步法難以形容，即「半馬半弓」，在馬步與弓步之間，是十分靈活強勁實用的適戰步法，對後背襲來的敵人也能腳步一轉翻身砲，打擊。

　　此拳之攻防一體，與常見者不同，最突出處，在每拳出擊，另隻手臂同時像「和式拉門」，譬如我右拳直取敵人面門，同時左臂彎屈九十度，由腰部抬起至右胸前，隨著右拳出擊，在右拳尚未擊中敵人剎那，左臂如拉門般由右低胸處立起，拉至左胸側，護住了整個頭、臉、胸等上盤部位。此時自然右腳「拳到腳到」右腳迅速與右拳一體前進，貼近敵人。同樣出左拳時跨左腳，右臂彎屈從左腰部如拉門般先一剎那，在敵面前由左畫向右，就在右臂剛過要砲擊的敵人面部要害時，左拳剛好偷（奇）襲而擊中敵要害。萬一敵人退閃（躲），則此拳和前三拳種同，擅

於連環貼住追擊，且在「勢如瘋虎特色拳路」要求下，必擊倒敵人為止。

按砲拳以正面直擊為主，出手必趨前靠近敵人，如習慣先出右拳，則左臂如前述負防護和迷惑敵人，反之出左拳前之瞬間，右臂同樣功能。唯實戰過程，電光石火，眨眼間的事。

若敵人突從後面來襲者，打了面前敵人，注意到後方來敵，必須一百八十度轉身，形意拳轉身與快速變更方向有特殊敏捷方法。

砲拳打後方敵人時，如由左邊向後轉，先右臂屈肘、出左拳，由右邊向後轉，左臂屈肘護臉，出右拳，轉身過程速度要快，不失砲拳威力。（轉法如前述）

另外，砲拳與夏師傳授有大不同之處。夏師的砲拳出擊採「蛇形攻擊」，即出右拳同時向左前跨「大弓馬混合步」，同時左臂揚起，在敵面前由右拂向左，迷惑敵人瞬間，右拳已至敵人面門。而此砲拳也是連珠砲，左右拳交替出擊，左右腳自配合，左斜跨、右斜跨，向前衝擊。

通常砲拳是在敵人先出拳時還以砲拳，譬如敵人出右手打來，可也出右砲拳及揚（抬）左臂，讓右砲拳在左臂迷惑與防護中，挨一記砲拳，而發右拳、揚左臂防護上盤，與斜跨前大馬、弓混合步等動作，不是分開的，而是如一個動作般快速進行，且能依敵人反應加快追擊或變更方向。

總之，凡敵人出拳打來，我可應以砲拳還擊，其打來

之拳立即被我一臂擋開，同時被我砲拳直拳擊中。此為攻防一體，隨意左右「開弓」（打擊）。

五、橫拳，此拳主打敵人頭部要害，如太陽穴，是會要命的，而打在身體其他部位，因威力之強大，故易傷人。

橫拳具驚人威力，此非誇飾。它前後左右打八方。步法穩健、沉重而靈活，橫拳出手時前手突然伸向前面「詐迷」敵人，後手隨之「葉底藏針」，由腹部猛力揮出，直（其實是擊）取敵人。因前手為掩護，也是假打，迷惑之用，後手才能穩擊，多半一拳解決。

橫拳之威力，主要是運用身體扭力發拳，迅猛奇重，且身隨拳走，整個人身體與發之拳渾然一錘，飛向敵人。這拳必然是重量加速度，正如汽車之傷人只靠重量與速度，而橫拳是重度加速度，外加打擊技巧「攻防一體及兵不厭詐」之前手假擊（虛拳）。而前腳也趁勢踹敵。

唯習武應注意此拳威力過大，勇猛難控，故被擊中者身體少有不飛出者，故如重擊太陽穴等要害，很可能一擊斃命，曾被夏師指為致命拳，提醒學者注意。

橫拳擊法，如先出左手，則為迷惑敵人的虛招，用拳或掌皆可，向敵人臉部掃去，同時身體略微向左側扭轉，右拳埋伏於下，當出擊的左手無論敵人是閃躲或招架，也不管是否擊到敵人，右拳均在左手出擊瞬間跟著出重手，這正宗橫拳，是右手由置於左腹下摔（揮）向敵人要害，同時飛身「身隨拳走」，一同「丟出」擊向敵人。當此橫拳發動，即似排山倒海，左右拳交相虛招實招猛攻，兩腳

步法（形意拳特有步法）快速跟進，真如超過猛虎之瘋虎出檻，令敵人瞬間崩潰，失去抵抗能力。

橫拳依步法轉換方位，還可遠距前衝三大步貼近攻擊，或是前衝兩大步之攻擊方式，三步進擊時，右肩對敵正面（假設右拳為主力），向敵方跨出右腳（為第一步），身體與敵之距離，須確保跨出後的距離，對方拳腳無法打到自己。此時後發的左腳則趁勢跟上（第二步），身體亦跟著向敵人面前傾斜，左臂橫屈伸掌或拳以護臉，右腿隨即抬高，且跨大步邁向敵人面前（第三步），最好往敵人身體踩去，右拳主力蓄勢待發，可握拳（基本功練成之鐵拳）或「鐵掌」，從自己的左小腹下位置爆發，閃電般斜擊而出，一旦出手，則左右連環，腳步挺進，勢如猛龍過江，有橫掃千軍之勢。橫拳威力真的無敵。

筆者曾在三、四十年前施展過兩次橫拳，已是前面提過的，先是對跆拳黑帶青年；後遇新店忠烈祠授太極拳，擅推手的張將軍。筆者皆以橫拳，使年輕人昏倒急救，把張將軍打栽楞，幾乎倒地（因已拳下留情，只攻其右肩臂，未打要害）。必在此再次說明。

形意拳令人喜愛，無法放手。故筆者今雖高齡，仍每早步行半小時到公園演示「形意拳」一番，始覺舒暢、滿足、過癮。

曾有一次用橫拳竟幾乎出人命，如前文所述，把跆拳黑帶青年擊倒至其短暫休克，急救甦醒。此後更不敢以橫拳出手。

六、呼吸方法在形意拳實戰中必不可少，也是所有運動、技擊必須懂的基本認識。如呼吸不順，或錯誤教導，皆會令習武者施展拳術時易覺疲憊，尤其連環出擊，勢如瘋虎等，全力以赴連綿進攻，呼吸錯誤不但傷身，且會把自己累倒而無力衝擊以致勝。

因在拳術方面，找不到古人習武如何配合重要的呼吸方法的紀錄，乃想當然認為，呼吸方法，在起（技法的開始、始動）時吸氣，落（技法的結束）時吐息，認為起始所進的氣，在出拳落時要以一口氣吐出為原則。並指如崩拳必須連續出拳時，就要短暫地吸氣，然後在每一出拳時，短暫的吐氣。此外，在出拳時要有意識地去領會「正確」的方法，必須要練習到在自然及無意識中，也能符合這個原則。以上引自日本武術家松田隆智著作《形意拳入門》一書。在此不得不告訴讀者及習武者，松田隆智之呼吸法完全錯誤，呼吸不可加以控制，應該自然呼吸才能持久，才能養成平常心，不緊張。所謂「打人如走路」，在求自然平常，「打人如親嘴」等，都是面對敵人仍自然平常，從容以對，當然呼吸更要正常始能久戰，瘋狂而不喘，故不累。否則定勞累氣喘，又怎能持久呢？（不信，馬上可試試就知）。

如此重要的事，不知是哪位「明白二大爺」胡亂教給松田隆智，確是重大錯誤，不得在本書裡加以指出，以免害人。

何謂形意六合拳

　　談形意拳武術界多以「形意六合拳」名之，是形意拳其被認為極重要者，即一「合」字。動作合而姿式正，使獲其益；動作不合，則姿式不正，故氣力亦乖。而講究之六合，首先運行（施展）時身體放正，是為「四平八穩」，正所謂不動如山是也。故身無偏倚、歪斜。心平必氣和，意念沉靜不他動，動亦自然，故心、意相合。自能意與氣合，如此則氣與力合。這即謂「內三合」。當展開動作，雙手發勁，雙腳同時跟隨，向外扭勁，故手與腳合。而兩肘往下垂勁，雙膝往裡扣勁，是肘與膝合。兩肩鬆開以抽勁出，兩胯踝根亦抽勁配上，故是肩與胯合。稱外三合。內三合加上外三合就被名為「形意六合拳」。

　　習此拳的人，能知六合的法則，習武練拳時，自能熟能生巧，觸類旁通，自然一舉一動都能發揮六合之長。

　　形意拳在六合以外，還有六合應為小六合。即內三合之外，還要心與眼合、肝與筋合、脾與肉合、肺與體合、腎與骨合。而外三合之外之六合，有頭與手合、手與身合、身與步法合。依此可知形意拳動作之間，無論內外，均具陰陽之分，和周身內外密切連結，每一動作必牽動身體內外所有器官，是此一拳種特色。

岳武穆形意拳交手法

岳飛是歷史名將，允文允武，文武全才。他主張武術在實用，也是身為將士面對征戰之必然。他在形意拳要論中，有交手法，必須習武者一讀的珍寶。介紹如下：

交手實戰，占右進左，占左進右，發步時足根先著地，足尖以十趾抓地，步要穩當，身要莊重，捶要沉實而有骨力，去是撒手著人成拳，用拳要捲緊，用把把有氣，上下氣要均，停出入以心為主宰，眼手足隨之，去不貪，不歉、不即、不離，肘落肘窩，手落手窩。右足當先，膊尖向前，此為換步，拳從心發，以身力催手，手以心把，心以手把，進人進步，一步一捶，一支動百支俱隨，發中有絕，大握渾身皆握，一伸渾身皆伸，伸要伸得進，握要握得根，如捲砲捲得緊，弸得有力，不拘提打、按打、烘打、旋打、斬打、沖打、銼打、肘打、膊打、胯掌打、頭打、進步打、退步打、順步打、橫步打，以及前後左右上下百般打法，皆要一起相隨。出手先占正門，此之謂巧，骨節要對，不對則無力，手把要靈，不靈則生變，發手要快，不快則遲誤，舉手要活，不活則不快。打手要跟，不跟不濟。存心要毒（不可手軟），不毒則不準。腳手要活，不活則擔險。存心要精，不精受愚。發作要鷹捉勇猛。外靜膽大，機要熟運，切勿畏懼遲疑，心小（仔細）膽大，面善心惡（魔高一尺，道高一丈。心狠過惡敵），靜似書生，動如雷發。人之來勢，亦當審察。腳踢頭撞，

拳打膊作，窄身進步，仗身起發，斜行換步，攔打倒身，抬腿伸發，腳指東顧，須防西殺，上虛下必實，著詭計指不勝屈。靈棍自揣摩，手打手慢，俗言不可輕，的確有識見。起望落，落望起，起落覆相隨，身手齊到是為真。剪子股，望眉斬，加上反背（絕招），如虎搜山。起手如閃電，打下如迅雷。雨行風，鷹捉燕，鶻鑽林、獅搏兔，起手時，三心相對，不動如書生，動之如龍虎，遠不發手打，雙手護心旁，右來右迎，左來左迎，此為捷取。遠了便上手，近了便加肘，遠便腳踢，近了便加膝，遠近宜知，拳打足踢，頭至把勢，審人能叫一思進，有意莫帶形，帶形必不贏。捷取人法，審顧地形，拳打上風，手要急，足要輕，把勢走動如貓行，心要正，目聚精，手足齊到定要贏。若是手到步不到，打人不得妙。手到步也到，打人如把草。上打咽喉下打陰，一右兩脅在中心，前打一仗不為遠，近者只在一寸間。身動時如崩牆倒，腳落時如樹栽根，手起如炮直沖，身要如活蛇，擊首則尾應，擊尾則首應，擊中節則首尾皆相應。打前要顧後，知進須知退，心動快似馬，臂動速如風，操演時面前如有人，交手時有人如無人。起前手，後手緊摧，起前腳後腳緊跟，面前有手不見手，胸前有肘不見肘，如見空不打，見空不止，拳不打空（按西洋拳亦最忌打空拳，因空拳無用，且最消耗體力），起亦不打空，落手起足要落，足落手要起，心要佔先，意要勝人，身要攻人，步要過人，前腿似枒，後腿似黍，首要仰起，胸要現起，腰要長起、丹田要

運氣，自頂至足，要一氣相貫，膽戰心寒必不能取勝。不能察顏觀色者，必不能防人，必不能先動，先動為師，後動為弟。能教一思進，莫教一思退。三節要停，三尖要照，四稍要齊，明了三心多一力，明了三節多一方。明了四稍多一精，明了五行多一氣，明了三節，不貪不歉，起落進退多變，三回九轉是一勢，總要一心為主宰。統乎五行運乎一，一氣時時操演，無誤朝夕。盤打時而勉強，功用久而自然，誠哉斯言不虛。

形意十二形拳

　　形意十二形，是觀察食物鍊中猛禽猛獸求生之技巧，乃被視為概括萬形之道。認為十二形足以代表形意拳的標的，也是形意拳之觸類旁通。更能參透天地萬物之理，故古人研習拳術成「必勝拳」後，復觀察飛禽走獸弱肉強食生存之技巧，乃得形意拳之十二形拳。

第一形：龍形拳

　　龍在古代象徵翻雲覆雨，騰躍變化。此拳面對敵人時，如先出左足，雙腿趁勢坐矮，雙手左前右後如劈拳，即左手前伸指向敵人面前，右手放腰間，攻擊時則左手為虛，右手在三百六十度急轉扭過身即發右掌擊敵面門。

第二形：虎形拳

　　虎是叢林之王，勇猛無敵，行蹤飄忽，出擊如餓虎撲羊。虎形拳攻敵簡而兇猛。兩眼瞪敵，突然以閃電般向前大跨一步（左、右腳均可），緊接著矮身再跨出後足，逼向敵人，同時在強大衝力下雙臂迅速前伸，雙掌擊向敵人。

第三形：馬形拳

馬在大地為脫韁奔騰之獸，唯馬力氣長，行動快速，古人取其優而成馬形拳。

馬形拳出擊，出左手則邁左腳，如劈拳起式，左拳翻轉拳背向下，身體重心在左腿上，右腳向前跨大步，左腳用力跟半步，重心仍偏左，此時右拳拳心向上，向前平伸，當兩拳併行，同時向內翻轉，拳心向下，左掌置右肘內側，兩拳握緊，雙臂成弧形，目視右拳。如出右手，則邁右腳，右拳翻轉，拳心向上，身體重心在右腿上，左腳向前跨大步，右腳用力跟半步（落腳重），重心仍在右腳。此時左拳心向上，向前平伸，當雙拳併行，同時向內翻轉，拳心向下，右拳放左肘內側，兩拳握緊，兩臂成弧形，回視左拳。

第四形：猴形拳

精巧、手急眼快，身軀輕靈，變化多端，是其長。攻擊時，出手時左右皆可，如猴形各式：

一、猴形掛印式：起手三體式站立，抬左腳，落右邊，墊步向外扭，左手置小腹處，身隨左足左轉，同時腳跨進，至落於左腳前。腳尖朝裡方向，及時將左腳和左手同時放右腳後方，左右手迅速劈向敵人。

二、猴形切繩式：左足往後墊步，右足著地，拖至左

足處，足尖著地，腳跟墊起，後跟對左腳脛，右手放小腹處，肘靠脅。左手姿勢似眼鏡蛇，並擺至頭前，手背朝天，隨即兩手一上一下，一前一後如鷹捉勢，張開十指，肘貼脅，臀往後縮，頭向前頂。

三、猴形爬竿式：右腳墊步向前，左手直伸右手進，左腳出時左手回拉，至心口處，復出左手並高抬右腿，腿根貼近小腹，腳尖朝上上揚，出右手落右腳，左手縮回。

四、猴形掛印式：右腳扭勁跨出，右手放腰下，往上鑽出，身體隨右腳轉右方，左腳跨至右腳前，帶轉身體，出左手，似左劈拳，往後縮力，再前進，出手抬腳拉回。

五、猴形五式：面向西北、西南，出手起落和一般左右起式相同。

第五形：鼉形拳（鼉似疆，類蛟龍）

據稱鼉為水中最敏捷靈活者。形拳各式如下：

一、起點如為左式：左拳伸下頦前，拳心向上，肘貼脅，左手、左腳，均收回到右腳脛骨前。

二、鼉形拳左起式：左拳和左腳同出，甫落時，即出右拳。

三、鼉形拳右起式：右手從右脅發力道，鑽出至口，肘貼著脅，並從口前向前鑽出，拳背朝下，同時右拳右腳轉至左脅、左脛骨。

四、鼉形雙換式：右拳右腳向前斜出如左式，同時雙

拳兩腳之分合源於腰力。故形意拳之基本功突顯「強腰」的重要。

五、疊形收式：當右拳、腳斜（橫）出，右腳回扣，身體跟左拳而左轉，故此式依然左右同，先後出左或出右均可。

第六形：雞形

按雞是勇猛的代表，善鬥無畏，有拼搏精神和打鬥技巧。雞面對敵人時十分霸氣，當敵人雙手掐來時，可握雙掌成Ｖ字迎上，擊開其雙手，立將雙掌合成「大拳」，從高舉雙拳迅雷般向敵面擊下。

一、金雞獨立式：出手時，右手發勁，由左手下面穿出，隨腰、胯、肩緊跟右手，右腿曲膝，同時右腳根墊起，抽回右手，肘靠脅，右腳再跨前，至右腳前。在落地前，將右手由左手處抽回。此時左手從右手下方出去，右足落時左腳提起，靠到右腳脛骨處，雙腳起落，都要兩手齊一。而腰亦隨之微曲。右腿抬曲，左手斜下推，右手心朝上靠腰際。

二、金雞獨立之跨進穿掌。左腳跨大步，右腳跟上，身形半曲，左腳根靠右踝，足尖翹，成獨立狀，雙目平視。

三、金雞食米式：左腳跨出，右腳緊跟靠上，身形矮曲，下蹲，右掌變拳，由左掌掩護下打出，如此交替攻擊，使敵人難以招架。

四、金雞抖翎：雙手置胸前，手心向內，左手在內右手在外，雙肘下垂，兩腿站馬步，唯兩腳根盡力向外，腳尖往內，左右胯向內縮勁，復向外抖力。

五、金雞司晨（報曉）式：右手上挑，右腳速跟往前跨步，如劈拳起手攻勢，步法成弓字步，前後腳交相前進。左右手交替出擊。

六、雞形劈拳：如先出左手，以掌對敵，伸出的左掌，掌指稍向上，略屈臂，時朝下，右掌靠腰部，攻擊時雙手回收發右掌。跨右腳盡力踩向敵人（雞擅用腳抓撲），右掌直取敵面，遇閃躲或反抗，則兩手交相抓擊，成攻防一體，勇猛無懈，為雞本性，而攻擊過程類似五形拳之劈拳。

第七形：鷂形拳

鷂子是刁鑽、靈巧、銳利、敏捷的猛禽，比老鷹體形小，飛速更快，目光如電，反應及時。是小動物、鳥類剋星，凡被牠「鎖住」（盯上）少有能脫逃者。

一、鷂子束身式：雙手握拳，右拳陰面朝上，左拳如砲拳於胸前揚起至頭前，右拳閃電般擊出，同時出左拳時疾跨右腳，出左拳則跨左腳，以緊貼敵人。

二、鷂子入林：如形意拳五行之砲拳。右手揚起至額前，左拳同時直擊正前敵人，而身體向右前跨大步，接著發右拳，左臂揚起至額前。如此左右閃擊，左右腳跟著交

替衝向敵人。

三、鷂子鑽天式：雙手握拳，拳心向上，左拳向外翻轉扣回，右拳由左腕上方擊出，直指敵人面門，左拳縮回左肘靠腰，同時跨左腳，腳尖向右約三十度，右腳隨右拳伸出，向前跨大步以配合。

四、鷂子翻身：鷂子覓食常翻身抓取，快如疾星。出右拳曲回於左肩，左腳及右拳勾轉，左拳在右肘下，右拳後拉至右脇，左拳在左上方翻轉，右拳轉到後方，貼腰，拳心向上，左拳伸向左前方，將身子左轉，右腳跟進。

第八形：燕形拳

燕子飛翔靈活、持久耐力，目光銳利，「身輕如燕」即形容輕快之人。是飛蚊等小蟲克星。

一、燕形：右手伸出，扭身朝後，手靠右腰，身形似雞形抖翎式。

二、燕子抄水式：右手由左肘穿出，向右畫弧形擊出，左手由右臂下畫向左脇，兩手雙臂交叉迎敵，在右手發動同時右腳向敵前跨大步（弓步）。此式先發左右手相同。

三、燕子穿簾式：左手從右脇穿出弧形伸向敵前，同時右手在上從右肩前穿出，弧形畫向敵頸，配合之左腳跨大步向前，右手臂即閃電將敵人脖子纏住。（此式不分左右手）。按滿清之捕快（刑警）抓人時往往用此招。

第九形：蛇形拳

蛇是陰狠奸猾，靈敏兇殘且難以捉摸的動物。

當敵人攻擊時，瞬間曲右臂以右手向右方挑去，同時回手速擊向敵人。（此為實戰運用）

一、蛇形起式：左腳向前跨，右手曲臂由右脇下穿出，左手曲於右肩處，身形微曲。將敵人打來的拳撥開並回擊。

二、蛇形進攻：右腳前跨，右手由左腰下揮向敵人，左手從左脇直取敵身，同時跨左腳跟進。如此快速交相出擊。

第十形：鴿形拳

鴿鳥名，在一般字典找不到，康熙字典找到。性直，特點為喜翹尾。

一、鴿形起手式：跨左腳，兩手置於腰下，作進擊預備式。

二、鴿形出擊式：跨右腳，雙手突然分開，格擊而進。再跨左腳，將跨右腳掠翅的雙手收回到擊出。即右手由右腹處，左手從左腹處分擊而出（弧形出招）。

第十一形：牛形拳

　　牛無心機，力大，善用角。牛形極單純，對敵時勇往直前，塌肩、頂頭、直頸，如先跨左足舉左臂護體（身），迅發右拳擊敵，並同時跨右腳配合。如此左拳、右拳、左跨步、右跨步交相出拳。有人專練「鐵頭功」，每日以鐵塊輕擊頭頂百匯穴五百下，三年可初成。

第十二形：豬形拳

　　取豬之勇猛敏捷，及刁鑽（專指野豬之特性）。

　　豬形依夏師傳授，認為最適合貼敵攻擊，即衝進敵人胸懷，雙手緊抱敵人頭頸，往自己身上貼，同時舉膝攻擊敵下盤，可左右膝輪流交替猛擊。（此拳如泰拳之用膝猛攻類似）

形意拳歌訣

身：前俯後仰，其式不勁，左側右欹（不正、斜），皆身
　　之病。正而似斜，斜而似正。則近道矣。

肩：頭宜上頂（如有繩吊著），肩宜下垂，左肩成拗，右
　　肩自隨，身力到手，肩之所為。

臂：左臂前伸，右臂在肋，似曲不曲，似直不直。過曲不
　　遠，過直少力。

手：右手在脅，左手齊胸，後者微撝，前者力伸，兩手皆
　　覆，用力宜均。

指：五指各分，其形似鈎，虎口圓滿，似剛似柔，力須到
　　指，不可強求。（指之練勁，從基本功始）

股（大腿）：左股在前，右股後撐，似直不直，似弓不
　　弓，雖有直曲，無見雞形。

足：左足直前，斜側皆病，右足勢斜，前踵對脛（小
　　腿），隨人距離，足指扣定。

舌：古為肉稍，捲則氣降。目張髮聳，丹田愈沈，肌容如
　　鐵，內堅腑臟。

臀：提起臀部，氣貫四稍，兩腿繚繞，臀部肉交，低則勢
　　散，故宜稍高。

正宗形意拳法（重實戰）

　　所謂「正宗」，即威力照舊，仍出拳勢如瘋虎，且攻防一體，無懈可擊。（正宗者重實戰）

　　形意拳又名行意拳、心意拳、心意六合拳，其起源有各種不同說法。唯武術界公認其為「智慧拳」，出拳必勝。

　　形意拳主要流行及發揚於大陸北方。本拳法的特色是氣勢磅礴，勢如瘋虎，出拳如閃電，身隨拳走，攻防一體，招招奇襲，聲東擊西，虛實瞬間，變幻莫測，落腳特別沉重、穩固、衝撞，然移轉進退，方位改變，卻迅速、輕盈，前、後、左、右之變換，真可謂「瞻之在前，忽焉在後」，是一般拳路未見的步法。其拳路出奇的霸道。

　　由於形意拳強調實用，不是著眼於表演，故極樸實，講究「不招不架，只有一下」。即凡出手便是結束，十分強勢。

　　形意拳以筆者長年練習，深刻體悟，雖平時站立不動如山，一旦出手，則似山崩地裂，排山倒海，以沉重卻極靈活的步法，貼近敵人，而有電光石火的瞬間，拳路詭詐，敵人明明在護腹部要害，但太陽穴竟遭「橫拳」所重擊。使敵人因無法預測而不能進一步防守。

　　前面曾提到形意拳有五疾：眼、手、腳、意、身，講

求眼明手快，判斷正確，其特殊步法便於左衝右突，攻擊、照顧四面八方，如影隨形，追風趕月，貼擊不放，即史書中有形容「打人如親嘴」，雖辭喻欠雅，卻入木三分。即越靠近威力越強大。此外應掌握先機，搶在敵人欲動手之剎那，先下手。

「攻其所必救」即擊敵要害，孫子兵法強調亦在此，理論相通，貴在一擊命中。假如敵人亦已出手，自然會立刻縮手回防救要害處。遇此情況時，可連環打擊，因「攻防一體」，故其救一難救二，救上難救下。

凡敵人被重擊後，應仍嚴陣以待，確定其無力反擊，才能鬆懈。正如我們看武俠小說或電影，一方擊倒對方立即鬆懈大意，而被對方掙扎起來，反將贏者打傷或打死。在宮本武藏書中，則無此錯誤，看宮本武藏重傷小次郎後，仍聚精會神，嚴陣以待，直至確認其不起而後已，這才是習武者必然之舉。否則就屬外行，不配談武。

此外，習武者能時刻注意自身安全。一旦臨危，首先要忖度與敵人間的安全距離，以形意拳言，可閃擊在三步之外。也就是與敵人相距三步左右，則敵人不易出手，或出手必然前行。但形意拳步法能輕易攻擊到此距離的敵人，這即形意拳安全距離。

至於形意拳（五行拳、心意拳）、十二形拳屬之。形意拳主要之五拳為：劈、崩、鑽、砲、橫。通常以斧、閃、箭、砲、彈來比喻，並與金、木、水、火、土，五行相應。即劈拳似斧，性屬金；鑽拳似閃，性屬水，崩拳似

箭，性屬木；砲拳似砲，性屬火；橫拳似彈，性屬土。

五行可與五拳對應，依五行相生原理。金生水、水生木、木生火、火生土、火生金。因此劈拳可變鑽拳（金生水）、鑽拳可變崩拳（水生木）、崩拳變砲拳（木生火）、砲拳變橫拳（火生土）、橫拳變劈拳（土生金）。

五行亦相剋，因此劈拳破崩拳（金克木）、崩拳破橫拳（木克土）、橫拳破鑽拳（土克水）、鑽拳破砲拳（水克火）、砲拳破劈拳（火克金）。不了解形意與五行相生相克，對拳術滾瓜爛熟，則無法在實戰中運用。此是「高手對高手的境界」。

另據古籍記載，金、木、水、火、土，五行拳術習練，還可對應肺、腎、肝、心、脾等五臟，因此練好形意拳，既能修身健體，內外兼修，更能以拳悟道，達到天人合一的理想境界。

以下依夏師授拳順序，介紹實戰真傳之形意拳如下：

形意第一拳：劈拳

由於是實戰學，故不講「架式」，沒有「三體式」（丁字形）。唯習拳時三體式之基本不能少。所謂三體者，是天、人、地之象徵，入門者必習。首先自然站立，雙手垂於身體兩旁，頭如懸樑，端正平視，兩腳跟緊靠，兩腳尖相距九十度，口閉合、舌尖抵住上腭，輕鬆愉悅，接著右腳原姿式不動，左腳跟為軸，腳尖和身軀向右轉約四十五

度，於是身體半面向右方向。轉動時腳與身體同時。然後雙腿向下彎屈，身體變成半彎姿勢，整個身子重心落在右腿。同時左臂向前上方提起，左手背揚起胸前，手心向前；微朝下。右手臂埋伏在左臂右下方，護住下盤，兩手及手臂左前右後，上身直立，頭如懸、頂，雙肩自然放鬆。兩肘左前右後，整個人在等待時機，就會暴發般面對敵人。

　　不過這三體式雖為練形意拳必練，但在實戰形意拳面對敵人卻不適用。實戰形意拳出手前，或防護自身安全，皆主張不動聲色、不擺架式，該出手時就出手。

　　實用劈拳，即正面攻擊，而劈向敵人時，已變為掌。如右手為主力，則左手伸向敵人，並進襲隨出左腳以靠近敵人，同時出右手，跨大步欺進，剎那間左手配合主攻右手，全力助攻，成「攻防一體」態勢，而立於不敗。此時更重要的變化，通常出手敵人頭部要害時，敵人會閃躲或雙手搶救，說時遲那時快，劈出的雙手立刻改成雙爪，以雙手施展絕招「狸貓上樹」般，改打加猛抓。沒頭沒腦的交替快抓，完成實用肋威力的「劈拳」，此招難躲。（打、抓混用）

　　如是左手主攻，同樣一出左手同時跨步左腳迅雷不及掩耳衝向敵人。此時在空中已將拳化為基本功練成的「鐵掌」，擊向敵人要害，當然敵人會拼命救而閃躲、或退避，則我必如影隨形，急步追上、貼上，雙掌落在敵人身上，疾如電光石火，快速交替不停進攻的「貓爪功」連打帶抓，

照樣是攻防一體，敵人已無暇還擊，這就是實用劈拳。

此劈拳要注意的，是雙腳的「步法」，即「實拳」（攻擊時的主力拳），如是左拳，則跨左腳配合進攻。同樣右拳為主力拳，便猛跨右腳配合攻擊，永遠在重擊距離內。

特別的是每跨步足尖必保持約三十度，且腳尖變幻（左、右、前、後、任何方向任意遊走轉向）無窮。

在此要特別指出，形意拳的特點，其他拳未見的，是獨特的步法，能配合拳路需要，迅速改變方向。故每出拳能滿足朝四面八方，或後面的敵人。譬如敵人在左方，則前腳以腳跟為軸以備旋轉，腳尖迅即轉左方，同時右腳依此方向跨大步出擊，立刻出右拳攻擊左方敵人，反之亦然。如發現正後方有敵人來襲，則只要後腳尖向後轉，隨之前腳向後閃電般攻擊後方敵人。

唯應注意如後腳為左腳，則由左邊向後轉，轉時身體稍向前傾，腳尖轉向後方，然後閃電般向左轉身，向正後方敵人攻擊，此轉身前瞬間，右手仍揚起護頭，當上半身前傾轉身面向後面敵人時，同時在轉身時左手抬起，由左至右畫個弧形，拂向後方，停在後腰臀部，當整個身子面對後方敵人時，立即右腳跨大步衝向敵人，右手劈向敵人。

形意第二拳：崩拳

本書在介紹形意拳史中，曾有一位名為郭雲深的名人，雖身材矮小，卻以「半步崩拳打遍天下」而不敗的紀錄。

　　按清末民初的文武全才，形意拳大師孫祿堂著《形意拳學》之崩拳要領，與筆者習練者大體吻合。

　　即起手（點）式，雙手緊握拳，將胳膊伸直前左肘，暗含著往下垂勁，後右手肘往後拉勁，亦要同時往下垂勁，兩肩鬆開下沉，兩眼往前看左手食指中節，出右手時，左足極力往前進步，右手同時靠著脅處，與前拳上邊相距寸許，出手如箭，直指敵人要害，而左手同時拉回，緊靠住左脅心口邊，右腳亦同時隨之跟上，落於前足稍後沉重踏穩（身體重心在此），起落時左、右手（拳）俱齊，勿論左、右手在前之高低，都必須與心口部位齊。

　　由於崩拳也和劈拳一樣屬「左右開弓」，即連續進攻，左右交替，為形意拳特性。故崩拳發動猛攻，必左、右輪替，連環一拳接一拳，令敵人手忙腳亂無懈可回擊。

　　這就是所謂的「換手式」，即左足以「弓」步猛力向前跨出，右足半步沉穩跟上，左拳起往前如右拳直去，再將右拳拉往後如左拳，亦拉至心口邊，此形有對待錯綜交互出擊之意。

　　因形意拳擅打八方，故變換方向乃有「回身式」。回身時，將左足勾回，亦同九十度之式，起動時將右拳落下，順著身體由肚臍往上鑽至口前，如托下顎狀，迅速回身，右腿與右拳同時往上起，高矮膝與肘相距約一拳，右足尖朝外，斜著盡力往上仰，勿伸腳面，此時右手如劈拳式鑽出略停，右足勇往直前，落下成九十度弓步。左拳同時與右足同起同落，右拳隨之往回拉到心口部位，此時兩

手十指張開，仍如劈拳相撕之意，左足同時緊跟在後，足尖相對外脛骨，足後跟（根）墊起（抬起），兩腿如剪子股式，便快速回身了。

崩拳收式，即攻擊與施展各種變化後，回復原起點，收時將伸出之左足或右足撤回，恢復為三體式為止。

形意第三拳：鑽拳

起手式，兩手握拳，擺成三體式。先將前足如劈拳起手式，往前墊步，遠近相當。出手時手心朝下，後手心朝上，左手往回收（拉）至心口下，肚臍上方，大母指裡根緊貼靠腹部。右手出擊時，從左手背上擊出，鑽出之手高不過眉，手心仍朝裡，對著自己眼睛，手離眼尺餘停住，右足進步，與右手同時齊去極力前進，兩足相距遠近，以自然適當，如劈拳同，恢復三體式。

鑽拳的換手式。右拳手腕往外扭勁，手心朝下，左拳手腕往裡扭勁，手心朝上，右足墊步，兩手雙足起落進步，仍和左式相同，不差分毫。

形意拳能打八方，故有回身式。即左足勾回，左手同時把拳扣回至嘴處，手心朝下，手腕往外扭勁停住，右拳手腕往裡扭勁，扭至手心朝上，如劈拳鑽出，雙手仍如前法起落，右足同時與右手齊起齊落。

鑽拳收式。走回原起點，左手左足在前停住，回身手足起落與右式同。頭頂塌腰之勁亦同。收時左足極力進

步，與前同。唯右足緊跟在後，此與劈拳收式跟步同。

形意第四拳：砲拳

如炮之突然炸裂，其彈突出，其性烈，其形猛，在外屬火，在腹屬心，在拳即為砲，故砲拳似砲，應使拳順和，則身心舒暢，否則四體失和難順遂。

砲拳起式，右手靠身子先推出，與左手合成一氣，再與左足以並，極力往前出，惟左右手，徐徐往下斜著伸去，右足隨後起，與左脛骨高度齊，進至足左裡膪骨時勿落，雙手一氣，均握拳，拉回提至小腹左右靠住，兩手心均朝上，左足和雙手同時提起，右足也同時落地。左足提起時，緊緊靠住右足裡脛骨，身體仍如陰陽相合之式，腰要極力塌勁穩住。

砲拳進步式。左拳順著身子往上鑽，肘往下垂勁，拳鑽至頭頂正額前，右拳同時起至心口邊。此時左拳腕極力往外扭勁，至手心朝外，手背靠額頭，右拳同左拳翻時，由心口直出，與崩拳相同，左足極力一齊與右手往前進步。右足隨後跟，相距遠近與崩拳同（左足在前，右足在後，右手在前，左手在上，靠正額）也是交替錯綜，前拳高低仍與心口平，手足起落，鑽翻進步，齊整為佳，兩肩鬆開沉穩。

砲拳換手式。先把兩手腕朝裡扭勁，往小腹處落下，手心朝上，緊緊靠住，兩肘靠住兩脇，左足往前墊步，足

要直跨出停住,再起右腳靠左足脛骨,往右邊斜著進一大步,與左式同,右手順著身子鑽上去至額前,手腕向外扭勁,手心朝外,手背靠額前,肘要垂勁翻手,左手同時到心口邊出去,與右足齊出,左足跟步,亦與左式同。肩抽勁仍如前式,手數多寡自便,不論手數多少,出去左手右足再回式。

砲拳回身式。兩手落於小腹,右足極力回勾,與手同時起,身體左轉,左足提起,靠住右足裡脛骨,依然如前,左足極力斜著進步,右足隨後跟步如前,右手出去仍如前,左手上鑽翻扭勁也同前。

砲拳收式。到原起點處,仍然左手與右足在前,身子仍向左轉,手足仍如前法回身相同,右手左足出去穩住,恢復原位。

這以上形意拳法,劈、崩、鑽、砲、橫五拳打法。係擇自五洲出版社之《孫祿堂遺著》。

本書擇錄用意,在與筆者所習者加以比較,認為夏師曾師從民初由各地禮聘至夏家莊院三十餘位武藝名家,綜合所得之實戰形意拳,與拳史中記載的「必勝拳」極吻合,故特別與孫祿堂拳經作相比較。

筆者對孫祿堂大師遺著一邊擇錄一邊研究,其字裡行間似囿於教學,較為「制式」,而夏師所傳形意則海闊天空,隨心施展,變化無窮,不講究規範,而以適應五花八門,各種不同對手(敵人),善於應付而照打不誤。如一般人民,也有高、矮、胖、瘦、粗壯、瘦弱之不同,或為

西洋拳、空手道、跆拳道、柔道、或太極拳高手等，必須見機面對能握勝卷。即便實戰，面對的敵人兇狠強弱各異，必須能夠擅於應付，化解或戰勝危機及任何麻煩。因此本書介紹孫祿堂形意示範外，更將筆者師存夏師部分，寫出避免失傳。

形意第五拳：橫拳

橫拳性屬土，能健脾，為形意拳最後一拳。此拳以重擊敵人左右太陽穴為目標，以及敵人頭部為主，其他要害為次要。亦依步法任意變換攻擊方向。由於左右手發拳皆運用身體扭力，如出右拳，則拳由左肋斜出，利用身體扭力，使拳威力特強，且身隨拳走，左右連環綿密衝勁，令敵難擋、難躲，被擊中者受傷嚴重，極可能因而喪命，故不可輕用。

如先出左手，以左掌向敵人面門發去，同時身體微向左方側轉，主力右手握拳埋伏於後，當左手指向敵人面前，不管是否擊中，或敵人招架，而埋伏在腰下的右拳，迅速由左下方斜出，攻擊敵人右邊太陽穴，且採左右手交替猛攻。專攻敵頭部要害。同時雙腳以形意拳步法跟進。氣勢如瘋虎，使敵瞬間崩潰，無法招架。

橫拳依步法轉換方向，或貼近攻敵，使敵難脫受擊或反擊。此拳十分霸道，先配合出擊的手（拳），跨出的腳，勿忘「腳踩」敵人，乃盡全力。

八卦掌
（夏師傳之實用八卦掌）

　　八卦掌，為我國主流拳種、太極、形意之外，另一項以掌對敵的武藝，其打法多種，成就各異，有輕快、靈敏、旋轉，詭詐欺敵之巧妙。孫子兵法有「兵不厭詐，攻其必救」，故實戰八卦掌為本書所介紹。

　　實戰八卦掌，其基本功尤重手掌與臂膊。因手掌骨小而多，瘁弱易受傷，出擊自傷，故必須如本書介紹之基本功練法，特別注意手的訓練，必練成「鐵掌」始能實戰。

　　所謂實戰，即捨棄所有花俏。因此夏師所傳是與一般表演之花拳不同，沒那麼轉折複雜，而是招招柔中帶猛，左旋右轉，三百六十度閃擊，確是瞻之前忽焉在後，有神出鬼沒之勢，步法配合敏捷靈巧，故稱高級武術，若再與形意拳結合，則能出神入化，登峰造極，在武藝習學中不作他想。換言之，在浩瀚的中華武藝中，應已抓住根株主幹，是十分滿足了。

　　一、八卦掌通論。八卦掌除必須勤習基本強身壯掌、指外，淌泥步與旋臂揮掌，雙足之靈巧及走八方技能等，攻擊時變化多端，虛實難測。身形轉換，步急跟快如電閃，出掌似迅雷。

二、八卦掌源流，八卦掌亦有稱八卦拳，然實際武術形態卻是「鐵掌」。相傳八卦掌史有多種不同記載。一說為清嘉慶年間順天府文安縣朱家塢的董海川所創。據稱董海川自幼接觸武術且勤於習練，身體壯實，是習武好材料。稍長喜遨遊、交友，足跡遍名山大澤。巧遇身懷武藝的道士畢澄霞，見其飛躍，運掌於岩石嶙峋之間，一時驚奇忘我，遂奉師潛習。在山中三年餘，盡得真傳，乃創八卦掌，出師後拜別恩師畢澄霞道士，下山授徒。由於董海川自幼醉心武藝，精通各拳種，終創出中華藝中所公認的高深拳種。

按我國拳史，董海川熟知十八般武藝，在當時武藝界遠近聞名，其扶弱濟貧俠義助人，更獲盛名。後為京師招攬，淨身應差肅王府，並傾力授徒，將其早年習練之羅漢拳及八卦掌，依功底、心智能力分別傳授，後來王公貴卿拜於門下者頗多，而獨創的八卦掌始流傳開來。

董海川身手矯捷，超越常人。每當逢險，皆憑其高強之武藝與隨機應變化解。光緒六年冬，董海川無疾而終，享年八十四歲。

三、董海川的弟子中，五湖四海聞風而來者絡繹不絕，習八卦掌武藝日眾，名聲傳至各地。在夠稱傑出者數十人，以尹福、馬維祺、程廷華、史立卿、劉鳳春、宋永祥、宋長榮、梁振普、魏吉程度最高。

而尹福收徒崔振東、馬貴、刄佩瑤。董海川生前亦曾親身指導馬貴。唯馬貴得董海川真傳，卻終其一生未傳

徒，是武藝界之遺憾。

後程廷華傳孫祿堂，張玉魁、馮俊義、闞齡峰、李文彪、周祥、程有龍諸人。孫祿堂傳孫存周。史立卿傳韓福順，韓福順傳吳峻山。吳峻山深入研習四十多年，廣為授徒，聲名遠播。梁振普傳金逢。劉鳳春傳許禹生、王仲猷、李劍華。

亦有記載說，董海川是清乾隆年間人士，在師承道士習武練拳，並從易理中創出八卦掌。

另一種記述八卦掌之由來，是指在我國江南一帶早已流傳「陰陽八盤掌」或名「陰陽八盤轉環掌」及「八盤掌」。掌的背、心為陰陽正反面，前、後、左、右、左前、左後、右前、右後四面八方為八盤，即在此八方位處設立八根圓木柱，作為練掌穿梭打擊其間，而步法旋轉巧妙扭閃訓練，而八方恰合易經八卦方位，至能變化無窮，乃以「八卦掌」名之。

據早期記述「八卦掌」的作者韓壽堂書指「陰陽八盤掌」，原是江南董家祖傳武藝，到董家第三代董夢林時，教出了董海川、薛永和、李振清三位傑出弟子，而董海川進京授徒時便將「陰陽八盤掌」定名「八卦掌」以名實相符，成傳世之高級名拳。

至於原來的「陰陽八盤掌」，其傳承者為薛永和，傳薛振海、李振清，再傳弟子傑出者劉寶珍、任致誠、蘇景田等。一九三七年任致誠於天津著《陰陽八盤掌》問世，為此拳種永續於世之所本。

由於八卦掌研習流傳，漸漸出現多種形態，董海川眾弟子中，傳承主流者為程廷華和尹福，而兩人仍有差異，即程廷華為「龍爪掌」，尹福為「牛舌掌」。「龍爪掌」為大指（拇指）和食指分開，掌心微凹，另三指自然微曲。似手掌握物狀。凡基本功練成，出擊時則從心所欲，以應情況克敵，掌形變化，由掌變拳任選。

四、八卦掌在中華武藝之地位。在數千年中華文化中，武藝隨社會演進不斷研究實驗。朝代更替、人間鬥爭而創新。因此在廣袤大地及複雜人際中，為了生存，乃出現格鬥技巧與方法，進而知練基本功，並且創造延生出各方各地各有千秋的不同的格鬥方法和武藝論形成各門各派，廣為流傳，迄今雖科學進步，然人口眾多，社會複雜，防身、健身，仍脫離不開武藝，文武全才是二十一世紀青年夢想。

八卦拳被認定為高級武藝。其與敵交手時，可施展靈巧、敏捷、輕旋進退，迷踪換步，似八卦迷魂陣，令敵難以捉摸而陷挨打苦況。

五、在北京體育學院出版，由劍仙先生編著的《八卦掌散打》一書，對八卦之實戰，及多種變化交手解說極詳，特是步法與夏師所傳授類似。如進步先進前步，後退先退後步以便迅速拉開與敵距離，以及必要時向後突的回抽，用硬背阻敵人攻擊，亦能在敵追趕而至時遭我反擊。

夏師傳授實戰八卦掌

筆者奉習之八卦掌，是同時以形意拳基本功為身體基礎，而八卦掌除手、身、腿、腳之靈活進退、轉折外，即樸實的運擊術。

一、開山掌：按夏師傳授的八卦掌，基本動作仍以「淌泥步」為主，必須熟練，是作為八卦掌應變、轉折、穿梭等變更方位擊敵、應敵、攻守、進退、聲東擊西，腳踢、掌襲之基礎。

夏師早年承習龍川派之八卦掌，其開山掌起掌即側肩對敵，右腳順右肩方向；向左前跨出半步，同時右手伸直指向天際，右臂貼右耳，身體向敵速靠，左掌護胸，此時是一連串動作，當右肩（自然是連帶身體）貼進，左腳偷步由右腳根伸向敵左邊（敵左腳）後，當左腳甫著地（在敵左足附進，最好是敵左腳後），則我急速閃電般三百六十度輕易翻轉身軀，說時遲那時快，原高舉起一併（連帶）護臉的右臂，即雷霆萬鈞如大利斧猛力「砍」向敵人，就像要面前的大山劈成兩半的氣勢，是聚全身之力砍下，自屬其勢難擋了。這也是簡單實用、乾脆的八卦掌，而非現下流行的「搏擊」。

依本書基本功訓方法所練成之鐵臂、鐵拳、鋼掌後，絕不可戴手套比武。因戴手套等於廢除了功夫，因此不可以進行任何比賽（交手形式）實戰，否則必定傷人。（此點極重要，故以此提醒）另外說明「偷步」，即在對方不

知之時，我左足已潛至敵身後。

二、奔雷掌：此掌前段就是開山掌。即開山掌轉身面敵傾全身之力千鈞一大劈（砍）時，萬一敵人僥倖（藉後退躲過了這重重一劈（砍），則在各技擊或武俠小說中之「招式已老」，意即強弩之末。在一般拳術包括中西常見的武術，不論拳掌腳肘，攻擊伸出後，不管有沒有擊中，再攻擊時，一定要把打、踢的拳、掌、腳收回後，才能再打（擊）出。但夏師傳我的八卦掌，卻可在開山掌砍下時，突然使用奔雷掌，出其不意，猛然將砍下之右掌乍然進步縱身大力將掌上挑，打擊由敵人下陰、腹、胸、頜、面等任一部分，必使敵人受重傷。這是本書介紹之八卦掌與眾不同之處。

三、拂雲掌。有急切輸開大掌趕開烏雲舉頭望月之感（功），如同唐詩「雲破月來花弄影」。

此掌襲時如開山，奔雷掌般，側身右肩對敵，左手護身置胸前，右臂（掌）指向天空，臂貼右耳，亦有護頭及攻防一體之勢。

出擊時右腳跨敵右前方，落腳剎那左腳由自己身後扭動盡力往敵前落腳，甫著地，立即右腳橫（因此時身形仍為側狀，右邊對敵正面）跨至敵右邊，同時右掌由左腰處盡力，並借腰的扭力，將主攻之右掌向敵人橫砍去，左掌護胸，此是我（筆者）的八卦掌之第三掌單招。

此形意拳、八卦掌，皆可依個人意願先左或先右出擊，其先後變換同，沒有強制規定哪隻手先，哪隻手後。

　　至於實戰之一招一式，不可死板，應以順手、順腳、順勢發力，達到創藝者心意，發揮摧枯拉朽、拳、掌必勝無敵，始為傳藝本意初心。習武者應不居泥，而潛研發揚。凡任何世事、學問、技藝皆可依時代演進而精益求精，自然中華武藝亦不斷求進，在原本的拳、掌傳習中理應有後學者能在熟能生巧中，將武藝善者改進昇華之空間。如日本空手道九段師範中山正敏訪臺，在臺中見我國白鶴拳能在對敵雙方緊貼時，見以翅（肩）攻敵之技，認是空手道可增招式，乃令隨來之後晉拍照記下，返日本後研究，此為空手道演進精神，故中華武藝之於夏師，終去繁入簡，以實戰必勝為重。後學者不可不知。

　　四、穿心掌：此掌攻擊初始之各動作，與拂雲同。唯右掌攻敵是「直取」，而拂雲之「拂」，是橫掃，是右手由左腰處拂向敵人。手臂是弧形拂出。但差之毫釐繆以千里，穿心掌是從腰際發力以「掌」，此處特別強調「掌」，是用五指外的「掌」擊敵，凡基本功到家者必為「鐵掌」，直取敵人，「兩點之間當然直線最短」，故此一擊時間如閃電般炸擊，暴發力集中快速，故實難躲閃。是起式和拂雲同，而成就各異。

　　五、分水掌：此掌的最大特點主攻敵之下三路，以褲襠、小腹，及敵變腰時之胸、臉等，而出擊之腳步與拂雲、穿心同。唯當以右掌主攻時，視掌如刀（即小指頭處為刀口、拇指處朝上如刀背），發掌從我左小腿前（此時須彎腰約九十度，蓄力，將「刀背」即大拇指背朝上，迅

快威猛直取敵人褲襠部位，必要時視戰況實情之需要，亦可由掌變抓，威力更大，結局最驚人。

六、火焰掌：自古即公認水火無情，而烈火尤可怕。這自是兇殘難擋的一項「毒」掌了。

此掌出擊時機，當敵人逼來，且已出拳取我前胸或腹部時，我不退反進，出腳跨向（迎向）敵人使敵我身軀相近即貼瞬間，將雙掌合托式由敵腰（或胸）前掌心朝上，刮向敵臉，掌不停，立刻雙雙翻轉，此時敵人腹、胸、脖子、下頦、臉、口、鼻受傷痛疼之際，我翻轉的雙掌，卻以雷霆萬鈞下壓之勢，加上全身之力往敵人胸部斜剷而下，重傷敵人。而此攻擊過程亦屬攻防一體，凶猛霸道。

七、廣澤掌：望文生意，廣澤好像對敵人有好處多多，實則完全相反。當敵人衝來，我則表現不敵，以「敗式」，向右俯身，同時撤右腳配合，如懼敵而閃躲狀，待敵逼至，乃突的翻身面敵，同時飛起右腳向敵人踢去，就這踢腳「招式剛老」，（腳尚未落下收回著地）瞬間，已發起雙掌（拳也可），如「雙風灌耳」似打向敵人太陽穴一帶，這是廣澤欺敵不厭詐的一掌。

八、旋風掌：此為八卦掌最後一掌，是旋轉三百六十度，轉向敵人時發掌，旋轉隨心所欲，左右均可。

出掌前的動作，和拂雲、穿心、分水相同，所不固者在發掌攻擊的方式。如突然要用右掌攻擊敵人，右腳向身體左邊跨出大步，頭仍保持正向，雙目盯住敵人面目。右臂同時橫向左彎以護住前胸，接著左臂右曲護住下盤，在

後的左腳盡力移向對方敵前，身體順勢向左作三百六十度
旋轉，當再面敵時，跨大步矮身對敵並出蓄勢（旋轉帶動
的力道，衝擊敵人，其掌勢威猛，因旋轉中撞敵，身隨掌
（拳）走。是重量加速度與掌勢技巧，使任何敵人難擋
（招架）。且令敵人摸不清我在做什麼時重傷。

　　九、八卦掌論：夏師師傳實戰八卦掌，仍建基於其通
俗之左旋右轉、淌泥步等基本身手功夫上。與形意拳概
念，出神入化，變換無窮，令敵難捉摸。必須注意的是，
儘管八卦掌變換方位，左、右旋轉，前、後、四面八方任
意對敵，宛如風吹楊柳，柔軟搖曳，唯發掌攻擊必須剛
猛，力道十足。在轉身出掌前，背部先向敵靠近，是攻防
一體。

　　十、八卦掌屬高級武器，而形意拳為必勝拳，兩者習
練精通而相揉合運用，則出神入化，無往不利。故夏師以
武藝得任元首維安要職，夏師伯則長期任「中華國術會總
裁判長」，均以武藝實力等見長而獲譽。

　　夏師主張形意拳、八卦掌應以單招習練，避成「套
子」，對敵時才得心應手，以最適合運用的那一招擊敵。
因臨陣對敵千變萬化，臨機應變，在瞬間從任何方向，或
突然發生的各種襲擊，均能立即反應，作出最恰當反擊招
式的選擇。這樣才是實用武藝習練目的。

絕招介紹

　　中華武藝自古就有「絕招」流傳。所謂「絕招」也可稱「絕技」或「絕藝」。這意思便是無人可及的「絕學」。

　　今筆者主張公開流傳，即如四書大學篇之衍義：「為天地立心，為生民立命，為往聖繼絕學，為萬世開太平」。凡泱泱大國民，均應有此氣度卓識，故必須將可能失傳的武藝絕招奉呈於社會。另所謂「絕招」，均屬單招。每一招皆單獨使用，其基本概念自仍離不開「快打慢」、「長打短」、「重打輕」，析言之，即我的身手快，你的動作慢，自然被我打敗。同時我在你打不到我的距離，我卻以巧妙步法使我能打到你。至於「重打輕」。這要上乘基本功，則出手特別沉重，因此打到敵人任何部位皆造成傷害。（要能重傷今之搏擊者四肢的程度的基本功）

　　既是「絕招」，故每一招都具強大破壞力，且每招亦屬奇襲，所謂兵不厭詐，聲東擊西，敵人難捉摸。

　　絕招運用，特別講究速度，要動如脫兔、快似閃電，放大攻擊縱深，讓一般敵人打不到我的距離，而我有把握能輕易以飄風步打到（重傷）敵人。亦即達到「不招不架，只有一下」的結果，茲逐一介紹如下：

　　一、反臂：背後打人。也就是當背後突然衝來敵人

時，可迅雷不及掩耳般，電光石火，用突如奇來一「反臂」，把偷襲的敵人打倒。由於「反臂」是「絕招」，自是厲害無比。它是能從心所欲，依臨場情勢，可左、右臂閃擊，如先出右臂擊敵頭、面、敵一定會閃躲，當敵後仰或雙手護頭、臉剎那，我左臂立即將就下垂姿式猛力往後（握拳）直取敵下陰、或小腹，此為回抽腿配合背對敵人之閃擊。

「反臂」絕招既然可左、右任意擊敵，按臨場形勢決定出手左先或右先。同時決定那隻手打上或擊下。

按「反臂」運用時間，多半是打背後偷襲者。是夏師獨門武藝。數十年來觀海內外未見此奇招，乃覺特別珍貴，必須傳出。此拳因太出奇，是難以想像的。

當然「反臂」應具紮實基本功，雙臂如鐵棍，兩拳似鋼錘。這樣施展「反臂」絕招才不會因力道大而自己受傷。

「反臂」打法，如要背後敵人挨揍，通常先降其頭、臉較為有利，擊時先出左手或右手均可，如出右手，即握鐵拳、直臂，從正前方畢直向後過頭甩擊敵人頭、臉。待敵人被擊往後仰躲，或被擊痛楚之時，左臂加鐵拳由下迅速後甩，攻擊敵人下腹或陰部要害。所以「反臂」絕招為「秘密武器」，左右臂一上，一下交替出擊，先後自如，運用之妙存乎一心。

我常想三國演義中關公擅使之「施刀計」，詐敗，待敵緊追貼近時，突以「回馬槍」之計，殺敵於其不備。「反臂」之瞬間克敵亦具相仿之妙。

　　二、搨掌：「搨」，在此意即「貼緊」之意。它是敵人面前的強大伏兵。即對敵時，伸出右手配合與敵話語，以化干戈為上策，所謂兵不血刃及不戰而屈敵。但世事難料，不信好言或警語者仍多。所以「搨掌」便是埋伏敵前偽裝的殺手突擊將軍。它當面對敵人展開論理交談，一旦發覺敵人罔顧是非，不講理而故意翻臉準備向我霸道出手，說時慢，我的右掌一翻，「搨」到敵人心臟處，後果不言可知。必然造成重傷。因此「搨掌」關係生死，或「斷」、「裂」肋骨，故不可輕易使出。在此僅告訴你何謂「搨掌」，以及出手時機，和一定要出右手是因針對敵人要害心臟。但如「左撇子」，自以左手為主。

　　三、靈機應變，反手搨掌：這雖是搨掌，但在此必須介紹其應用之妙。

　　在面對敵人，由言語衝突不斷升高至即將動手時，為預防敵人以器物攻擊，此時可側身自然的邁小步，用右肩對敵交談，同時伸出右手在敵胸前作加重語氣狀，暗中準備攻擊之有利態勢，即右掌距敵人左胸心臟部位極近，也是最有效「射程」，一待對方翻臉動粗，或以器物欲助其行兇剎那，我只要在其左胸前反手，用掌搗向其心臟部位，心致重傷。故此絕招不可輕用，是在生死關頭，不得使出的「殺手」。（為正當防衛時的殺手）

　　四、提籃掛印：在電影「一代宗師」中，有「老猿掛印」的鏡頭，但打法完全不同。「提籃掛印」之為絕招，自有與眾不同，具特殊威力打法，步法為「弓步」。

　　此絕招之「絕」，最特別之處，出拳後不須收回再出拳，即收手時仍是攻擊。按一般拳術皆是出拳後，收回再出，在時間上造成遲緩，但提籃掛印出乎一般拳法模式。即「提籃」攻擊敵人時，如用右拳（左右拳相同），出拳，則右腳配合跨向敵人，右拳陽面由垂於右大腿處，突然揚起，擊向敵人之腹、胸，以至下巴，面門等。此時敵人多半挨打均會後仰或往後閃避，則我「提」打出去的拳頭，不須收回再出拳。即「提籃」雖「招式已老」至強弩之末，但「掛印」則趁回收之勢更墊步進追，同時回拳以四指握緊向下攻擊敵面門。故「提籃掛印」實為連環拳。

　　五、蟒蛇招頭（轉換掌）：此絕招非常好用。符合孫子兵法「攻其所心救，及聲東擊西」。此絕招出手時，是（左、右手皆同）如出右手，不須握拳。以手背閃擊敵面門時，敵人必然先救臉（眼、鼻、口），當其舉手護臉，我擊出之手一翻變「手刀」形，發力猛砍敵右肋，斷、裂其肋骨。（步法為弓字步）

　　如敵人用手臂招架，可迅速以左手拍打開，右手改以提籃掛印續攻，或用形意拳或八卦掌追擊，則必勝矣。

　　總之，拳術必須活用，特別是臨場對敵，一定以戰勝為原則，自身安全第一，攻擊是不得已，平時應有正確心理準備。而「攻擊是最佳防衛」。

　　六、懷心腿：用腿攻敵時，把腿抬起縮至胸部前，突然用力踹出擊敵正面。

　　面對敵人，而距離稍遠時，且正面相對，突然揚起雙

臂，以迷惑敵人，同時抬起大腿縮至胸前，小腿緊貼大腿，此時揚起的雙臂在敵面前做交叉狀，掩護「懷心腿」猛力向敵上身踹出。

此絕招左右腿攻擊均可，要領在平時練好縮腿。必須將大、小腿緊縮至小腿貼大腿，大腿抬起高至胸部，膝蓋觸及前胸，如此當快如閃電踹出，才有夠力道。

懷心腿絕招使用時，當右腿落地，剛好側身施展反臂，攻打其下盤，另一隻手立即反臂擊其頭臉，因皆是背朝敵人，且快如電光石火，敵人必眼花撩亂難以反擊。

懷心腿踹出的時機，是當敵人衝來時，即以雙臂舉起加以迷惑，掩護腿部作重創一擊，令「戰爭」就此結束。

七、扁踩：這是技巧極高的用腿絕招。即面對敵人，已至非動手無法脫身時，即可使用此招。

扁踩與「踢」不同，而類似「踹」。不過「踹」是攻上三路（小腹、胸及頸以上）。而扁踩則專攻敵雙腿，只要敵人傷了腿，等於解除其武裝。

扁踩這絕招十分不留情，面對敵人出右腳（左右均可）由敵人左腳前掃向右前，當敵人略退，剛站住，便以收回的右腳舉向敵腿，由高向低斜踩敵膝蓋，或小腿，迎面骨，也可將腿再抬高些，斜踩敵小腹或跨骨，要注意的是發動扁踩時如用右腳，則右手曲臂護上盤（頭、臉、胸、腹），左手護下盤（腰、下腹）。（此招易造成被踩者迎面骨折）

八、燕子穿簾：前面談過一般對敵應保持「安全距

離」，即衡量敵人難打到我，而我卻能以閃擊衝前的步法
輕易打到敵人的距離。出手時右手平肩向右伸出迅即往左
如畫圓圈，當右手畫至胸前，左手則伸於右手下向左弧形
急畫而出，此在迷惑敵人，掩護下一步動作。當左右手剛
畫畢，我已跨左腳往敵人右側後處落腳；在左腳甫著地
時，我已跨出欲越過左腳的右腳，同時右手臂已趁勢擒住
敵人脖子，並因衝力，敵人已仰臥在我右側懷裡。此絕招
仍左右用，習慣用左手者可以左手擒敵。

　　九、跨虎登山：此招可依習慣左右進攻。這也是用腳
攻敵招數。如以右腳主攻，亦右手護上身，左手護下盤，
突跨左腳落於敵右側，同時起右腳踢敵下陰或小腹。此為
極狠毒招式，有致命危險，不可輕易使用。

　　十、浪子踢球：按我國古代便有踢球運動。國術用腳
者也多。浪子踢球與跨虎登山略有不同，它是左右腳連環
出擊。攻擊時雙手交叉護臉，左腳跨到敵右前方處，飛起
右腳踢敵下三路，當踢出的右腳落向敵左前處，立即飛起
左腳照踢敵下盤要害。一起腳便左右開弓，像踢球般，故
稱浪子踢球。

　　十一、海底撈月：此絕招攻擊不分左右。如出右手，
則手護臉，跨左腳於敵右側，同時右手抓向敵陰部。此為
極危險招式，不可輕易使用。除非面臨生死關頭，施展正
當防衛，而不得已用此殺手。

　　十二、虎撲：這也是狠招。對敵時，突然跨右腳於敵
左前方，約距敵一步距離，身體前彎曲，同時雙臂交叉於

臉前護住，緊接著起右腳踏敵胸部，雙手同時間扣住敵人
腮骨，或雙手抱其頸，形成腳蹬手拉，則敵胸骨必然斷、
裂，因而有生命危險，故不可輕易使用。

十三、捕快門：這名稱是古代刑警——巡捕抓人之一
種方法，因其有如「燕子穿簾」，故提出比較。

捕快門的特點是行進間追捕罪犯。其招式簡單，即在
認定敵人（犯罪嫌疑人）時，因敵人並不知情，我與敵擦
肩將過時，左腳突跨大步往敵之右後方，右腳隨之跟進，
同時在右腳尚在空中，我身體與敵擦肩之剎那，我迅即伸
右臂勒向敵脖子，致敵重心不穩，向後仰倒，被牢扣於我
臂膀中。

此絕招是用強壯臂膀勾住敵人脖子，如敵力大反抗，
則勾住敵脖之臂膀只須左右搖動，敵人必放棄掙扎。但如
擺動過猛，則可能造成休克、昏迷，必須立刻掐「人中
穴」以急救，或以「心臟復甦術」救急。故此招不可輕易
使用。

捕快門另一招，是隨機應變。即利用地形地物，在被
強敵發覺而採頑抗，反追打巡捕時，一旦迫近，則可彎腰
抓把泥土、砂粒之隻手迅速後灑，以迷其眼，再回身擒拿。

十四、劈山砲：蹲馬步、正面對敵、雙拳緊握，右手
由左腹處擊向敵頭臉，左手護臉，。亦動機護下盤。此招
應左右手交替攻擊。要領是拳頭是由下方揮出，故力道極
大且猛。

十五、將軍抱令：當敵人靠近，我側身以右肩對敵，

同時高舉右臂，貼於右耳處，當敵靠近，右腿縮抬如「金雞獨立」。出擊如「扁踩」或「廣澤」以「敗式」誘敵，先用右腳扁踩，繼以廣澤擊敵。「扁踩」為前述絕招，「廣澤」為八挂掌中之擊敵法。

十六、狸貓上樹：此絕招最適合運用時機，是形意拳「劈拳」，出手一前一後，一高一低，向敵進攻，當敵人略向後閃躲企圖反擊時，即改用「狸貓上樹」，展現功防一體的特點，此絕招顧名思義，如貓爬樹，雙爪交替往上爬。同理以雙掌曲十指朝敵人沒頭沒臉地抓去，快如閃電，交相攻擊。敵人必措手不及，無法招架。

十七、八方陀螺：此絕招其實是「自由散擊、臨機應變」，以形意拳和八掛掌為基礎，可輕易攻擊任何方向進逼來的敵人。是測驗反應與拳藝火候、程度最佳題目。

十八、敗式：這招是用於詐敗誘敵者。即當敵攻來，不予對抗，馬上將右腳後跨一大步，此時估計敵人衝來力道強勁，已貼近，乃反身面敵，突然從彎腰欲逃轉而強悍，挺身飛起右腳踢向敵身，同時身前傾雙拳左右齊出，似「雙錘擊耳」。是「兵不厭詐」的實證。

十九、鴛鴦腿：萬一「敗式」的腳擊落空，可以鴛鴦腿連續進攻。

按此絕招是面對敵人，右腳踢向敵小腹或下陰，當右腳一落地，即飛起左腳照踢。左右腳快速交替的踢敵，不讓敵人有喘息反擊機會。特點是左右連環踢敵。

二十、風擺揚柳：此絕招之「絕」，在於「靜」與

「進」兩種對敵方式。即「靜步」與「進步」攻敵方法。「靜」其實是以靜制動。當待敵攻至，則立即由靜變進。運拳如疾風暴雨，似風擺楊柳，緊貼敵不停攻擊，目標不限敵人上、中、下各要害處，自然攻敵手腳連環並用。

風擺楊柳是擺蕩不停之意。也就是要打出個結果。如本書所指具深厚基本功，則一出手便能見輸贏，則另當別論，足見基本功之重要。

二一、神龍擺尾：遇敵兇猛撲來，我迅速以左足根為軸，左足尖轉向後方，同時帶動右腳跨向正後方，此時敵人應已在腦後，千鈞一髮之際，馬上用右反臂擊敵頭臉，接著左手反臂攻敵下盤。此為狠招，必須謹慎為之。

二二、迷踪步（飄風步）：此武藝必有的獨特步法，我數十年行走江湖，看了無數武術比賽和表演、電影片，竟從未見過此步法出現。

我認為武藝再好，練功再成熟，衝鋒陷陣絕難完美，就連表演也實在難看。就是看不到上乘步法而致。

迷踪步應屬武藝不能少的重要部分，為何將近失傳，夏師未告知我其原由。

迷踪步自然在迷惑敵人，要領是對敵進、退令敵難捉摸。譬如我站在懸崖邊，敵人心想將我推下即勝券在握，卻不想要出手剎那，我將身向左略轉為側面，右腳迅速探出跨於敵人左腳後面，火速由左三百六十度大旋轉，變成突然身在敵人後面（身後），造成敵人面對懸崖。我只要輕輕一推，敵人便掉入萬丈深淵，這即迷踪步的應用。另

如欲與敵拉開距離,永遠先退後腳,則立刻能拉開極大距離,如欲反擊窮追不捨之敵,可等敵追近,突然由逃變「抽」。即後腿變前腿,猛的回抽,以背擊敵,再作一百八十度轉身,可施展最便捷熟習招式克敵。

　　此步法如行雲流水,配合各種武藝皆流暢完美,特別在力道、速度、視覺、美學上都應受武藝界重視。

　　當我練形意時,出拳多屬弓步,如右腳跨前,只要左腳(後腳)尖轉向後方右腳會容易轉為面向後方。身體旋轉前進後退,拳打八方,腳必配合,有一定步法,絕不是跑來跑去毫無威力。完整武藝凡對敵進攻必為弓步。不論進退、快慢、變換方向一定是腳尖指方向,弓步、迷踪穿插其間。八卦掌有一定步法,淌泥步只是初習及發掌前練習,其各掌出擊都有步法,本書已作介紹。

　　迷踪步換位移位,左衝右突,脫離與敵糾纏,是最容易自如的,當敵人對我緊追不捨,可抽步後腳再後跨退半步,讓緊追者撞背(如汽車乍停後車之追撞),則我順勢將後腳尖轉向敵人身體隨之面對敵人,用最上手之武藝攻敵。

　　迷踪要領,即不管如何交手,腳配合秘訣,即迷踪步必是後落地的腳先動。換言之,就是我想拉開與敵人距離,當時右腳在前,左腳在後,然而卻是右腳(前腳不動)不動,卻將後面的左腳向後跨一大步,連帶讓前面右腳抽回大跨於左腳落地前面,拉大了正常後跨的距離。

　　迷踪走法不同一般走式,初練易忘,一定要熟習始能

融入各種武藝，發揮震撼功能。更能使形意、八卦、各絕招增加無比威力，使中華武藝綻放光芒。

形意拳實用者起緣

目前海峽兩岸習形意拳者，均屬套路，尚未見實用（實戰）拳出現。形意拳所以被古時封為「必勝拳」，主要是因其利於實戰，此拳雖只「五拳」，卻每拳單練，不必講求「劈、崩、躦、炮、橫」的順序。因既是講「實戰」、迎敵、攻擊皆為見機而行，不可用固定招式，雖形意拳尚流傳十二形，即：龍形、虎形、猴形、馬形、鶴形、牛形、羊形、燕形、蛇形、熊形、豬形、雞形等。這十二形中本書將摘較具威力者特別介紹之。按此十二形各地習形意拳涉及十二形者各不相同，名稱各異，自是威力和實戰相關，應選其兇猛者習練。

形意拳打法多種，威力強大，技巧簡樸實戰最能一擊而中者，推測由岳飛開創應較合理，岳飛為常勝戰將，自以實戰克敵，講究速戰速決。從我國武術文獻，確知明末清初山西省滿州地方人姬際可醉心武術，身手敏捷，遇道士將岳飛留下拳路相傳，乃認真研練，加入創見變化，又於叢林觀看猛禽野獸捕食相殘惡鬥，取其適合人類打鬥者，結集成拳法十二形。又因形意拳經道士高人傳出，道教之金、木、水、火、土恰與劈、崩、鑽、炮、橫同格形似。故亦稱五行拳。

按史料記載，姬際可的形意拳，由陝西省人曹繼武接下衣缽，同時傳給河南省武術家馬學禮，曹繼武後任職清康熙年間陝西省靖遠地方總督，後辭官返鄉傳授實戰岳家形意拳。得意學生戴龍邦。這一實戰形意拳當時在河北傳授極多。如李洛能、郭雲深等均實戰享譽。

半步崩拳打天下的郭雲深

　　郭雲深更為特別，他只深練五拳中的崩拳，練至純熟，竟以此一拳單招，從北京、天津，進而走遍大江南北、五湖四海，頻頻比武，打倒所有比武和向他挑戰的武林人士，一時被武術界視為可怕人物。給中國武術史寫下「半步崩拳打天下」（半步崩拳勝天下）的美譽。因文獻記載中，某次面對挑戰者，只以一崩拳而將對手打死，成為「殺人兇手」而入獄，刑期二年，出獄後面臨武林高手窺視，認一旦打敗郭雲深便可在武術界出名。甚至見郭雲深落單便一湧而上，剎那交手郭雲深便將他們打敗，紛紛退逃。原來形意面對一群「殺手」圍來，便用崩拳左衝右突，衣拳經，凡遇圍擊，必採衝出、衝回，或衝不停，關鍵是永遠保持「一對一」形勢，則站在突出狀態，避免被圍困遭眾擊慘狀，因遭包圍住而難施展則必敗。但如動之機先衝來衝去，在一群強敵中永遠保持衝刺，形成「一對一」，自成高手中之高手，不但不被困住，反能一個一個「收拾」，瓦解包圍並擊敗致勝。郭雲深確稱形意高手當之無愧。

　　所謂「半步崩拳」之「半步」，因崩拳出擊，腳步以「硬弓步」配合出拳，雖每進攻無論左右，四方，進退或

忽然一百八十度反擊，皆只「半步」，但綿密不停如電光石火般一鼓作氣，則此半步宛如大步急進。而速度要求疾如閃電，必勤加練習才會心領神會，施展體查為不虛。

形意拳此種步法雖稱「半步」，卻是硬衝式，所向無敵，它沒有退式，但可隨心依拳路，如影隨形的變方向，或當正面擊退第一敵人，又能憑特殊步法立即一百八十度崩拳打倒追兵。

化繁為簡的形意拳

　　轉擊正後方偷襲的次要敵人。這就是實戰的「瞻之在前，忽焉在後」，與拳路一體，構成強大攻擊力，像把敵人黏住難脫身。

　　形意拳術在我國太極、八掛三大主要（流）拳法中，被稱為內家拳中極特別的「必勝拳」。有歷史文獻可以考證，即本書作者可現身說法。

　　形意拳實戰者，只一出拳便似海浪，猛烈綿密一波接一波挺進，且因它屬「攻防一體」的罕見拳術，一招一式，簡樸、銳利。（夏師曾謂最厲害，威力強大的實戰拳，一定是招式最單純最簡單的拳。他指出形意之實戰拳法雖如此簡單，是幾代習武精英歷千百年實戰，不斷改進而成。非吾人花費數載甚至一輩子可得）。

　　按形意和八掛，筆者修習內容與當今各方所習完全不同，現流行的這兩種武術，特別自古被稱「必勝拳」，但一般打法看不出「必勝」影子，始知「必勝拳」路面臨失傳，甚感遺憾與可惜。乃願記述夏師真傳實用的「必勝拳」的「真跡」打法。

　　據文獻記述，形意五行是從陰陽五行變化而成。因其基本形之劈，有切入為「金」。洶湧濤天巨浪，綿密後浪

推前浪，源源不息，勇往直前，是「水」的特性。是為「鑽」之無孔不入貌。山崩樹倒，一掃而空，山崩地裂草木同悲，氣勢奔騰是為「木」，代表「崩拳」。炮拳顧名生義，屬「火」。至於出手有千鈞橫掃，水來土掩，適以「土」特性及偉大功能適合「橫拳」不虛。

相傳形意五行拳之以金、木、水、火、土象徵，取其相生相克化險為夷，變幻無窮。

關於十二形，則說法不一，選習的禽獸多有不同，自然威力出入極大，而打法尤見高低。本書介紹者僅擇其具強大威力者。

形意拳從歷史沿革觀，門派頗多，而今河北、山東派只重五行拳和十二形的套路，以三體站椿。拳的運行循五拳，劈、崩、鑽、砲、橫，及十二形順序打去，此套子拳路表演時好看，但久練限於強身健體，靈活四肢，非實戰需求，即與實戰形意不同。

山西派形意拳打法較拘謹，亦主攻套路，由劈、鑽、崩、炮、橫，加十二胜肖進攻，演出套路可觀。

河南派，一般面世之形意仍屬另一打法之套路，加入腿部進擊之「鴛鴦腿」、「彈腿」等，並重於雙人對練。

中華武藝在上下五千年，歷史長河中磨練精進，自孕育出最強精華，足堪傲視一切，所向披靡才對，但雖文獻中不斷出現的「必勝拳」，不可一世，甚至郭雲深只練形意拳中「崩拳」，便能打遍天下無敵手。這種實戰強大威力，為何迄今未見，海內外武術交流頻繁，各種形意拳大

師教學示範，大場面之表演、拍影片、光牒等，但當筆者觀看眾多，其中不乏大陸形意拳泰斗，大師已至「國寶級」聲譽，觀其教學認真，拳路純熟流暢，確很具功力。然筆者仍覺失望，因皆不出套路格局，儘管拳路演來行雲流水，充溢健、力、美的震撼，唯只適於表演。均與實戰之形意拳相去遙遠。此所以筆者欲介紹實用形意的念動。

本書茲參考日人松田隆智作《中國武術史略》，根據孫福全《拳意述真》、金恩忠《國術名人錄》、武朝相《形意拳簡介》（按武先生壯年訪巴西時以國術揚名該地，後至巴西教國術。筆者曾訪問他，記述他揚名海外，推展國術）。李英昂的《形意拳的發展》、周劍南的《武林珍聞》積健社的《形意拳師承記》、《中國武術資料集刊》、《中國武術圖籍考》等，茲綜合記述如下：

形意拳創始人姬際可，山西派，按河南派武術書載，龍鳳姬為山西明末人，精研槍法，將槍法演化為拳法，創出形意拳。河北派則記載姬際可（字隆鳳，明末清初山西省人），曾訪名武術家於終南山，得「岳飛（武穆王）拳譜」，認真習練，再傳曹繼武。曹繼武亦山西派。清康熙三十二年，科舉連中三元，奉欽命任陝西靖遠總鎮大都督，後引退在洛陽教拳。戴龍邦（山西派），山西祁縣人，曾與其名戴陵邦同去洛陽和師兄弟馬學禮共同砌磋武術。戴龍邦傳子戴文龍，戴文俊兩人。又傳給河北李洛能。李洛能變（河北派）是河北深縣人。原精研長拳。當他到山西祁縣作佃農時，遇戴龍邦之子戴文雄、文俊二

師，經比試均敗於文雄、文俊兩人。因向戴龍邦習形意拳。當時敗長拳者自屬「必勝拳」原形，即實戰拳，而非今日各方流行的形意套子拳。當時按記載，李為三十七歲壯年。李洛能（河北娑）字能然，河北深縣人，苦練形意拳，十年有成，回故鄉教形意拳，為河北派第一人。當地人稱他「神拳李」。認為「必勝拳」神乎其技，無與倫比，挑戰者屢敗無贏者，於是拜李為師者眾，其子李太和，及以半步崩拳打天下無敵手的郭雲深，和師兄弟劉奇蘭、張樹德兩人形意拳術亦享譽遠近武術界。

　　形意拳雖創始於山西省，卻一度斷層，致習武者欲學形意拳，必前往河北。山西人宋世德、宋世榮、車毅齋三人專程到李洛能門下學形意，終使山西派復興。宋世榮（山西派）字約齋，原為河北宛平縣人，移居山西省太谷縣，經營鐘錶店為業。自幼喜好武術，曾學少林拳，通圍棋、戲曲，復全心從李洛能學形意拳，長年苦練有成，是為山西派拳師代表人物。他練形意拳五行外對十二形之蛇形、燕形有獨到心得，能幾乎貼地穿行，越過三丈寬的河，還能壁虎功等。他曾遊當時我國蒙古，有蒙大漢要和他比武，突然欲將宋世榮抓住摔倒，大漢在撲過來的剎那，已被其劈拳擊退。宋為人具我國武道精神，且家道富裕，五湖四海習武者為家中常客，其客人李存義醉心形意拳，向宋世榮學習，得真傳，後成名家。

　　不過宋世榮的兩個兒子宋虎臣、宋國秀，均看破紅塵，出家做了和尚。而走遍大江南北闖蕩江湖，飽經事故

的宋世榮，晚年也與其弟宋長榮，淡出世事，一同上五臺
山修行。

在眾多師從宋世榮習形意拳者中，較有名的如賈長
有、賈慕騫、董秀生、呂玉等。民國二十二年山東省舉辦
國術考試，賈慕騫被聘請為評審。

宋世榮於民國十二年（1923）逝世，享年八十餘歲。
山西省教育廳長陳受中特為其撰墓誌銘，記述其生平功
業，以感對武術對教育之貢獻。

根據李英昂著《形意拳之發展》一書研究指出，最初
形意拳只有劈、崩、炮三拳，經宋世榮增加了鑽、橫，終
形成威力更強大的形意拳，乃被武術界另眼相看，但形意
之稱必勝拳，自古即有之。故郭雲深能以崩拳，創下一拳
天下無敵手的輝煌記錄。

師從河北李洛能的山西派車永宏（字毅齋，山西太谷
人），向李洛能學形意拳後，回家鄉教武術，當時鄉勇喬
錦堂要求和車永宏比試武術，唯拳法與器械皆敗於車永
宏，乃拜車永宏為師。喬錦堂努力學習深體精髓，在眾弟
子中僅次於李長有。

車永宏在李洛能山西派弟子中，與宋世榮並列為兩大
弟子，晚年歸田，以培養弟子為樂，八十餘歲而終。

特別與眾不同的是河北派郭雲深，原名峪生，河北深
縣人。身材矮小，體格強壯，精力旺盛，性格剛烈，懂武
術，好與人比試。當他向李洛能求教時，李洛能不喜歡他
的性格，不願收教。他乃在李家做雜工。偷學了崩拳，專

心勤練，一招竟練三年多。李洛能見他好學才收徒，將形意拳全部傳授。

但學成後，每逢比武，只用崩拳對敵，從未敗北。僅以一式崩拳擊敗各類拳腳。其「半步崩拳打遍天下」的美譽，遠近流傳。

在其家鄉曾協助官府抓賊，受知縣獎賞。唯樹大招風，因捕盜結冤遭報復，陷入羅織而受害入獄三年。縣太爺問郭武術荒廢了嗎？答沒有，話畢以虎拳（筆者認為是「虎撲」拳）擊牆，該牆應聲倒塌。原來郭在獄三年仍設法練武未停。出獄反任縣太爺錢錫案幕賓，並令其子錢研堂向郭拜師習武。

郭雲深練崩拳十二年中於各地比武而未有敗績，聽聞山西派形意拳有高手車永宏，便徒步走到山西，與車比試，卻被打敗，於是留在車家學形意五拳和十二形部分，再返河北家鄉，勤加練習終名揚四海。

專訪武朝相

　　武朝相，山西人，自幼從布學寬習形意拳，曾在臺灣銀行界服務，後至巴西開館授徒。筆者一九七四年曾採訪他。（見圖一，頁94）當時武朝相五十餘歲，體格壯實。茲將一九七四年二月十二日聯合報二版（全國及海外可見）專訪原文記述如下：

　　標題：中國功夫巴西揚威・針灸濟世・癒彼固疾，武朝相譽滿里約熱內盧。

　　——本報記者安強。

　　——在國內，常聽到中國功夫被外國人重視和學習的情形，如今身懷中國武功與針灸醫術的巴西歸國華僑武朝相，現身說法，更令人對國粹發揚於異國感到興奮。

　　武朝相由臺灣到巴西，不滿半年，因為在偶然的機會之下，展露了習練多年的深厚武功和針灸術，乃出乎意料的一夜成名。巴西各新聞單位爭相訪問。

　　今年五十八歲的武朝相，一朝揚名海外，他自己都覺得意外，甚至連做夢也從未想到。

　　體格健壯，兩眼炯炯有神的武朝相，山西省文水縣人，早年畢業於銘賢學院，在中央銀行和臺灣銀行服務了三十多年，半年前退休，應巴西駐華大使米勒的邀請，與

數好友同赴巴西，創辦農林工商開發公司。

到巴西不久，便因中國武打影片風靡巴西，而使巴西人以為每個中國人，均身手不凡，不敢輕易招惹。

一天該開發公司職員與巴西人洽辦事務，巴西人突然問這幾位職員會不會功夫，職員們告訴他們不會。不過，其中有職員知道武朝相曾在臺灣發起組織中國太極拳學術研究會，並擔任該會一、二屆共四年的總幹事，功夫相當深厚。便把武朝相會功夫的事，告訴巴西人。

對中國功夫特別感興趣的巴西人，聽說武朝相有武功，立刻跑去探問，武朝相回答他們，自七、八歲就在家鄉拜師習拳術，迄今五十年未曾間斷。巴西人問武朝相，是否能飛簷走壁，擲豆傷人，像電影裡的功夫一樣？武朝相說，中國武術門派頗多，然而具有同樣的特點，是不受年歲影響，年紀越大則功夫越精深，這與西洋拳術等超過三四十歲，走下坡的情形大不相同。

同時中國武術能夠養生強身，延年益壽，每一門派武術，只要不斷的勤練，等到相當時間後，自然顯現出功夫，使體能發揮到驚人的程度。

由於巴西人渴望知道他到底是何等功夫，乃打斷武朝相對中國功夫的簡介，詢問所練功夫名，武朝相回答是太極拳。巴西人立刻搶著問武朝相有多大功夫，武朝相因在巴西看見許多日本人在那兒開武館教空手道、柔道的廣告，便順口說他的功夫如要應用，則空手道、柔道，甚而西洋拳等皆不是對手。

　　此言一出，頓使巴西人大為驚奇，要求一試。於是便邀請到六名擅長空手道、柔道及西洋拳的巴西青年，硬要與武朝相比劃比劃，一時武朝相無法推辭，心想讓他們見識見識中國武藝，便答應比試，武朝相擺開架勢（式），招呼六名巴西青年一齊上，說時遲那快，剎那間的搏擊，武朝相以敏捷的身手，精湛的太極拳術，借力打力，只一回合便把視功夫不錯的六名巴西青年「擺平」，他們爬起來望見武朝相神態自若，一付游刃有餘的樣子，無不表示十分訝異與傾倒，馬上要向武朝相拜師，學習中國功夫。

　　去年九月武朝相在巴西青年敦促下，開始公開傳授太極拳，因屬業餘性質，故不收學費。想不到三個月後，數十名學生竟暗中集了巴西幣近萬元，作為束脩，送到武朝相手上，硬要他收下。巴西學生表示，中國人願意把高深的功夫傳授給他們，已是求之不得的事，又怎能不花錢來學習呢？他們便照日本人開武館收費的標準，每人提高五十元巴西幣，即每人每月學費二百元巴西幣（合臺幣一千多元），若武朝相如不收，他們便不學習，只好收下。

　　向武朝相學太極拳（實戰部分的拳路）的巴西人，有醫生、工程師、大學生、軍人、商人等。年齡從十來歲至五十餘歲不等。大家稱他為「功夫老師」，對他很尊敬。

　　武朝相以往因特別偏愛我國固有文化，平時勤練武功，也曾拜名師研習針灸，在巴西里約熱內盧市一面任職農林工商開發公司，一面開班傳授太極拳。

　　去年十一月間，武朝相聽說巴西朋友的家人牛頓，其

半身不遂長達七年之久，經當地名醫多人診治無效。武朝相便抽空以針灸治療，很快就痊癒了。右手不但能寫字，每天還能到公園散步。

武朝相由於中國功夫和針灸，而成為巴西的新聞人物。尤其在他居住的里約熱內盧市，更是家喻戶曉，當地僑報「南美新聞」也轉載武朝相為巴西人義診治病的消息，引為中國人的光榮。

武朝相最近回國，準備把家裡的拳術書籍帶到巴西，以便把中國武術作有系統的介紹給外國人。

筆者觀察，武先生武術基本功與筆者所練不同，故出手未造成重傷，或因易重傷對手而改以太極拳施展，不得而知。按筆者經驗，曾以形意拳只一招對付跆拳黑帶迎面而來之腳，用「橫拳」硬擊，不料對方倒地昏倒，急救始醒。又在長江郵輪接受壯漢（練舉重）挑戰，在甲板「碰下臂」兩下，對方竟倒地不起，問何故，答：「我整條手臂發麻」無知覺，乃為其按摩始正常而起立。由是推斷武先生未如筆者「操手」，否則為何對手六人無一受傷？

此外河北派張樹德，河北祁州人，幼從李洛能學形意，同時研習器械。即刀、槍、劍等，能把它們與拳術相融為一體。當時常與人比試槍法，對手無人不敗於手下。

劉曉蘭、河北派，河北省河間縣人，自幼好習武，成長後在易州經商，少年時拜師學八極拳，再師從李洛能學形意，學成後教學生頗眾。

書生李鐘齋，河北派，河北新安縣人。允文允武，六

十三歲拜李洛能為師習形意拳，交好郭雲深，至七十餘始
得全部拳法。其練拳時舉手投足極靈敏，常透過儒家思想
行拳術，觀之有高雅之氣，無粗俗感。

河北派李存義，字忠元，河北深縣人，為人厚道輸財
好義。自幼愛好武術，學過各派拳法，及長向劉奇蘭、董
海川、郭雲深習形意拳，拳術精進，名揚武林。甲午年
（1890）投軍，在劉坤一帳下教士兵習武，討賊屢屢建
功，在升官前辭退。至保定開萬通鏢局，與大刀王五、小
六合門王正誼、程廷華（八卦門）等著名劍俠交往。其長
年保鏢，護衛商隊遠行，每遇盜賊，都以單刀奪勇退之。
人稱單刀李。久之，凡單刀李護鏢，盜賊不敢襲。唯因長
年仗義輸財，資本歷久不足而關閉鏢局。

民國元年（1912），被聘為天津市中華武術會教務主
任，復隨軍中王芝祥去江西，欲調和南北武術家，便到南
洋學校教武術，後隨軍人馬良，擔任司令部教官。

李存義曾在北京打敗號稱世界第一的蘇俄白人力士。
榮獲政府頒給「一等金質獎章」。在教學方面，李存義綜
合「五行拳譜」、「連環拳譜」，加上「譚腿」，創新成十六
路「拳術教範」教材。向李存義學武術者頗多，對形意拳
推廣有顯著貢獻，弟子中成就較大的，有尚雲祥、周玉
祥、王俊臣、孫祿堂、褚桂亭、李彩亭、李耀亭等。

在武術界，李存義似一生未敗過，不過史料中敗過兩
次。即民國初年（1912）山東省濟南鎮守使馬良（後任中
央國術館教務處長），提倡武術，聞李存義大名，請來濟

南，要求他同查拳名家楊洪修（王子平之師），和摔跤名手張鳳岩（常東昇之師）二人比武。結果李存義敗於此二人。唯他之敗不知是否因年事已高（七十歲），盛期已過，才會力不從心而敗於強手。按常東昇為抗日戰爭勝利後，在首都南京全國運動會中獲摔跤冠軍，被尊為「摔跤大王」。後隨政府來臺任警官學校摔跤教官，並教對摔跤之業餘愛好者，其最得意之門生中有林起凱為代表。曾被推薦到美國紐約任特警武術教官直至退休，舉家遷居風景優美的亞特蘭大城。並開館授徒，二十年前筆者曾慕名拜訪，當時其公子已傳承衣鉢，而林起凱仍教授不懈，臻於「戰跤」九段，享譽海外。

中國功夫 巴西揚威
針灸濟世 癒彼痼疾
武朝相譽滿里約熱內盧

本報記者 安強

▲圖一　採訪報導，刊於聯合報，一九七四年二月十二日。

李存義打敗外國力士

　　張占魁（河北派），河北省河間縣人，身體魁梧，性格豪強而大膽無懼。初學秘宗拳，後師從劉奇蘭習形意拳，又向董海川學八卦掌。曾遊歷於北京、天津兩地，終定居天津。

　　當時天津社會秩序不佳，盜匪橫行。他乃隻身反抗，常置身險地，竟征服了一些壞人，使天津社會得以改善，而他的大名也被大眾所知。他便進入天津營務處，負責抓強盜。

　　當時遠近馳名，想向他學拳人很多。於是天津凡學形意和八卦者，不是張占魁學生，就是李存義徒弟。在張占魁徒弟中著名的有王俊臣、韓慕俠、姚馥春、錢松齡、姜容樵等人。後姜容樵將張占魁所傳授形意、八卦武術技術、要訣寫成書出版，永留中國武術史。

　　於民國二十九年（1940）七月逝世，享年八十一歲。

　　劉奇蘭（河北派），河北深縣人，從李洛能學形意拳，學成隱居農村傳授形意拳。他無門戶之見，與當時各門派交流。與劉奇蘭交往者均表示信服。

　　劉奇蘭子弟眾多，著名的有其子劉殿臣、李存義、張占魁、耿成性、周明泰等。後來劉殿臣著有《形意拳抉

微》出版。

耿繼善（河北派），河北深縣人，與李存義同門，向劉奇蘭學形意拳，後又師從董海川學八卦掌。在北京創辦「四民武術社」，後受聘於河北省立趙縣中學任教員教書。其學生中著名的有其子耿文彩、張秀、鄧雲峰、趙得祥等。

民國十七年（1928）耿繼善往湖北省漢口探望其子耿文彩時逝世，享年六十八歲。後有書將其名字誤寫成耿成信或耿誠信，正確名字為成性，是耿繼善之字。

李殿英（河北派），字奎垣，河北淶水縣人。自少年起一面念書，一面從易州許師（名字不詳）學八極拳和譚腿，相當成熟。及長加入護院任保鏢。平時常與人比試，無敗跡。有一次和郭雲深比武，才剛要舉腿踢出，被郭一手接住其腿，迅速拋出倒地，動彈不得。乃拜郭為師。認真學習，將形意拳學精，其學成後授徒李漢章、孫祿堂、韓奇英等為後起之秀。

孫祿堂（河北派），河北完縣人。自幼拜郭雲深弟子李殿英為師，讀書和學形意拳，後因李殿英任護院，無時間教拳，便改向郭雲深學拳術。後來他又去北京向程廷華學八卦掌。每日天未亮便開始練，至純熟能與形意融合，變化無窮。正值壯年時，又在北京遇見武式太極拳名家郝為真，剛到北京便遇郝為真病倒，孫伸出援手。郝為真病癒，便將太極精髓傳授。此後孫把三派拳法合而為一，寫出「形意拳學」、「八卦掌學」、「太極拳學」、「八卦劍

學」、「拳意述真」等書以此流傳不斷。民國二十二年
（1933）歿，享年七十三歲。

王慶豐（河北派），河北省河間縣人。移居天津。雖
身體短小，卻很健壯精幹，性強悍，身手敏捷，為人豪
放。他師從張兆東、李存義學形意拳和八卦掌。一天有一
群人找一個人決鬥，危急之時，王慶豐出面相助，竟打倒
三十多人，從此名震天津。後由中華武士會推薦，任保定
軍官學校武術教師，弟子中齊殿臣較有名。

韓金庸（河北派）河北省天津人，早期學秘宗拳，後
從張兆東學形意拳及八卦掌。民國七年（1918），有俄國
大力士，自稱世界第一的包庫沙，到北京擺擂臺，開「萬
國比武大會」，挑戰中國武術界，並準備十一面金牌，誇
稱「誰要勝了，賞一個金牌」。同時要求相互立下字據
為：「比試中打死無論」。

當時北京武術界對其高傲極憤慨，李存義、張兆棟、
韓慕俠同去找包庫沙談判，一言不合，韓金庸忍不住與傲
氣凌人的包庫沙交手。一出手韓即將俄國力士打倒。包庫
沙起來拿一金牌給韓，就要離去，韓不答應，要求連打十
次。於是這樣下來的十次比武包庫沙都輸了，韓老實不客
氣，十塊金牌一次拿走。包庫沙原想另擺擂臺，進行比
賽，但當他透過宣傳準備表演其威力時，突然看見「克
星」韓金庸來了，就收起擂臺驚慌而去。

尚雲祥（河北派），山東樂陵人。隨父到北京經商，
一邊助父親商務，一邊師從馬大義習武。專練「工力

拳」，後在比試中敗於形意拳的李志和，便拜李存義勤練
形意拳，終達極高超程度。後來索性關閉商店，到五城兵
營任偵探。由於功底深厚，知者震懾，不久傳入郭雲深耳
中，一天郭雲深特別訪問尚雲祥，承認其不凡身手。於是
把形意拳秘訣傾囊傳授。從此尚雲祥百尺竿頭更進一步，
拳術登峰造極，如入化境。人稱他「鐵足佛」。他也和郭
雲深一樣，擅長崩拳。郭雲深人稱「半步崩拳打天下」，
此美譽尚雲祥應亦當之無愧吧。

　　據記載，一日有河南省密雲縣有名馮洛正者，是武術
家，要找尚雲祥比武。馮洛正精通摔角術，和「八翻子
拳」。當地人稱他「神砂手」，有弟子數百人。在北方五省
揚名。尚雲祥禮貌婉謝比武，馮誤以為尚懼怕，更不禮貌
的相逼，尚雲祥見狀乃接受邀約比武。

　　那天馮從數步外衝撞向尚雲祥，且右掌對準尚的頭頂
百會大穴擊下。尚從容以十二形之鴿形拳彈出馮掌，順勢
進擊，馮難招架，大叫一聲便倒在地上，急爬起，羞愧難
當，惶恐而逃。

　　尚雲祥有一天去順義縣訪友，當地有名馬秀的，擅長
八極拳與器械中的大槍。對尚雲祥出言不遜，頗不禮貌。
並手執大槍逼尚雲祥和他比試。馬秀話甫畢，手中槍卻刺
向尚雲祥咽喉。尚也順手操一槍把馬秀刺來的槍打落，同
時馬秀握槍的左手，在不知覺中已受了傷。

　　另一事件是當時通州有個大盜，名叫康天心，精通武
術，當地人稱他「康八太爺」擅槍法，和輕身術，周圍受

他欺凌者眾，官衙難逮捕。密雲縣有安姓富翁，聞尚雲祥大名，請到他家，殷勤相待。當時前述大盜康天心，突然闖進來，尚雲祥離座拔劍自衛，康天心對尚說：「久仰大名，無緣相會，今晚有幸得見，乃三生有幸，如果在這裡能向您請教，則以後我就不犯罪了」。尚即答應比武。雙方交手，康天心瞬間逃去，留言：「謹領教了，真是好漢，名不虛傳」。此後康天心不知去向，一連幾年這一帶地方皆平靜，無盜匪出沒。康天心又在懷柔縣犯案，當地謝姓富豪向尚雲祥求助，尚答應前去。康天心聞之，便離開懷柔，隱於東皇莊。不久尚雲祥受政府所托，把康天心抓捕歸案。不久，尚雲祥又在北京汝成鏢局，打敗了少林派名家，及河南「鐵羅漢」，名聲遠播。

尚雲祥繼承了郭雲深遺志，成就近代形意拳三大名家之一，其著名弟子有靳雲亭、趙克禮、孫夢之、許羽之等人。尚的弟子有兩人在臺灣，即桑丹桀與再傳弟子曹連舫。唯再傳日本的被認為拳路打法極不相同。

按記載，尚雲祥一生比武，幾乎全用崩拳。只要動手，對方就得倒下。因崩拳以筆者體會，它不但勢如瘋虎，拳拳連環，攻防一體，對方無法反擊，永遠是個落於挨打的份兒。故稱「必勝拳」。

馬學禮（河南派），河南省南陽府人。他想學姬際可的形意拳，因姬不輕易傳人。馬學禮就受僱姬家作佣人。偷學三年成功，姬受感動，告以訣竅。

馬學禮回河南後，傳授所學，為河南派始祖。馬的弟

子造詣極深，其中張志誠、馬三元最突出。唯三元早死，只剩張志誠得真傳。

張志誠（河南派），河南省南陽府人，與馬三元皆為馬學禮入室弟子，得到真傳。馬三元性格剛烈好勇鬥，與遠近拳師比武，先後有數十人被他打死，及至得精神病，竟打大樹當人，繼承馬學衣鉢者唯張志誠一人。

張志誠嚴守高門第，不輕易授徒。一生只其甥李政得其真傳。

李政是（河南派），河南魯山縣人，自幼從張志誠學形意拳，堅持苦練，及長兼任驃隊運輸護衛，每天跟隨經商的驃隊護衛，一面練雞形步法，以此步法進趕驃隊，再反轉走，再追趕。他練十二形中的「虎撲」，練到能出手推斷石碑，其功力至高深莫測境界。

李政晚年，河北有水姓富豪不遠千里來訪，其為形意拳愛好者，其子拜過幾個拳師習武，因聞李政大名特來求見。但當水某人一見李政只是個瘦小老頭，就懷疑他是否像傳說的那麼實力雄厚，拳術了得，令其一向驕傲的兒子向李政攻擊，不料李政閃電般用八卦掌之「火燄」手，一招將水子拋出。由於李政不輕易授拳，故拒收水子為徒。

張聚是河南魯山人，獲李政真傳成（河南派）。早年是李政朋友，常請李政到家談心為樂，如此十多年，久而久之李政雖不願傳授出絕學，但卻對張聚傾囊相授，把形意密訣傳給了張聚。張乃認真勤習，傳其子名「老格兒」，老格兒聰慧，領悟力強，十五歲即學成。河南武術

家和他比試交手，被他打死者甚多。（筆者按，凡比武場雙方立「生死狀」，打死不犯法，這和今之擂臺賽同）唯張子老格兒夭折，張聚便傳拳術其甥買壯圖，由買壯圖繼承了武術。

買壯圖（河南派），河南魯山縣人，從其舅父張聚習形意拳，獲真傳，苦練不懈。他從家裡到村子的幾里路，一定用形意拳獨有的雞形步向前走。（筆者按此步法具硬上硬頂作用，所謂「半步崩拳打遍天下無敵手」的「半步」即雞形步法，它可隨前、後腳尖改變任何方向而出拳，快捷打向需要的前、後、左、右。筆者所見的各種武術，認為皆未見配合拳術的巧妙專有步法，即認為無如古時形意及八卦都有獨特步法以加強威力之故。）

買壯圖如此練步法，一般人自會見笑。唯他勤練不懈，久而久之練出神入化境界，腳隨拳發快打八方，且力道加倍。自是凡比武都能巧佔先機，身手敏捷如閃電，所向無敵。在他經常活動的魯山至周口一帶地方，遠近聞名，來拜師習武的頗多。不少得其真傳，在眾學生中，長安來的安大慶是優秀。

安大慶（河南派），陝西長安人，信奉回教，和買壯圖是執友，但仍拜買為師。買也信回教，二人互相尊守教義，安並得買的真傳。後成回教導師，曾遍遊陝西、河南、四川、湖北等省，所到之處，知為形意導師，一時向他習拳者眾。唯學生中又以寶鼎獲得真傳。

寶鼎（河南派），陝西長安人，幼年讀書勤奮，才華

橫溢，與眾不同，及長每羨書中之義俠，進而愛好武術。
他先習箭術，考試優異獲武廩生，他師父本想再讓他考武
舉，練弓馬刀石，但他不願如此，乃步行遠遊大江南北，
走五湖四海，專訪武術名師。不停拜師習武，多達十餘師
後，巧遇安大慶，便向安大慶學形意拳，終至高超境界。
不料那時因發生義和團事件，滿清政府通令禁止練拳，便
辭別安大慶，避人耳目。但仍暗中勤習，不斷精進。不久
加入軍隊，晉升隊長。民國元年（1912）駐守四川北部，
在輾轉各地時，不忘傳授形意拳。各地學生頗多，唯得真
傳者仍只兩三人。

　　民國十年（1921）他在川北開辦「積健武術社」，免
費教拳，會員五百餘人，他雞鳴即起，清水沐浴，誦「可
蘭經」，練形意拳至日出，到武術社教學生，上班時間便
去上班，下班仍回武術社教拳。到晚上九時返家。

　　由於寶鼎文武全才，著有《內功十三段圖說》、《形意
拳譜》。其得意弟子盧嵩高、王效榮、唐有智等。

　　以上形意拳史略，擇自松田隆智著《中國武術史略》
一書，其中有筆者親身習「實戰形意」中就難懂處加以解
釋。筆者往年習拳時，夏師亦偶提形意拳史，曾特別講述
郭雲深半步崩拳打遍天下等。唯日本武術家松田隆智能有
系統寫我國「必勝拳」歷史人物，筆者實感敬佩。

　　我國五、六千年歷史中，人與人之間爭權奪利不斷，
且由個體打鬥至集體，致古代即出現兵法戰鬥理論，其高
妙迄今實用。而個人赤手空拳也演化出「不招不架，只有

「一下」的「必勝拳」——形意拳。

讀歷史，有直評「人類歷史不過是互相鬥爭殘殺的血淋記錄」，沒錯！今已進入二十一世紀，觀世事，人類仍殘殺惡鬥不止，殺人方法更是科學現代化。人類科學技術再發達，由於本質內涵不脫「衣冠禽獸」，故弱肉強食視為理所當然。

唯筆者幼習四書迄今仍崇尚孔孟思想，總望人類能脫離弱肉強食、適者生存之禽獸格局，達到利己利人，仁愛互助，獨樂不如眾樂，永無殺伐，武藝只用於健身的境界，則真文明來臨，地球必處處是樂土了。

二十一世紀之人類仍殺伐

古人云：「人之異於禽獸。」人類應高於禽獸，彼此沒有鬥爭和弱肉強食，只有仁愛互助。然而事實是隨處可見的衣冠禽獸，為了權利而拼死拼活是如此地愚蠢。甚至人在外開車按聲喇叭都可能引來鬥毆，變成殺身之禍，或街頭被視為「不順眼」亦會無事生非，小事擴大到彼此動手動腳，因此人類仍未脫離「亂世」。維護自身安全自是拳術最佳，可健身、防身。而既學拳，自以「必勝拳」最管用。不過筆者所見大陸國寶級形意拳大師拳法只屬套路表演，無威力，拳路平庸無奇。於是願將「必勝」要訣及難步之妙，基本功練法合盤托出，就教於方家同好。

筆者每於練拳之餘，常不停思考，且片斷記下。在此願轉載之如下：

一九八一年在美國加州僑報國際日報連載「中華武藝」十一月十四日刊出題目「拜師學藝當謹慎」——孫子兵法中，一開始就說，戰爭是國家的大事，關係著人民的生死，國家的存亡，不可不慎重。

筆者研究武藝，數十年來的經驗，深深體會到學習武藝的人，（特別是必勝拳）也要徹底明白，習武是個人之大事，關係著自己和他人傷亡，榮辱與安全，所以選擇老

師，拜師學武藝不能不慎重。凡德高望重，武藝精深的
人，都認為學習武藝，必須師法一流不可，因為武藝只有
第一，才能維護自己安全，自尊與榮譽，第二流則用最粗
俗的話來說，就是挨揍挨定了，遲早會給自己帶來麻煩，
故國內外愛好武藝的人，不經思索而隨意從師習武，是極
危險的行為。

拜師習武要慎重

　　臺灣地區有不少走江湖的「拳頭師父」，或地方上開館授徒的人士，他們大半懂得點花拳繡腿，或「套子拳」，施展起來像排演舞蹈般，一套套的出籠，外行人定鼓掌讚嘆好看。

　　假如有人看得眼花撩亂，想拜這類人為師，他們總會利用技巧與訣竅，讓人感覺他武藝高強，進而向他拜師。其實這些渴望習武者都上了老江湖的當。

　　在此舉個常見的例子。這類靠拳腳授徒生活的老江湖，只要遇見有人希望向他們學武藝，不論中、外，總會露幾手給他們看看。以便增加向他們拜師信心。

　　按老江湖唬人的巧妙是，指著自己身上某個部位，要對方出拳打去，老江湖便迅速封架，並立即還擊（點到對方為止）。由於這些對手都沒學過拳術，自然落入套中，打不到老江湖，而挨上一記。或被打痛，如此便服貼拜師了。跟這種江湖人習武是錯誤選擇。

　　拜師應了解為師是否具真才實學，尤應重視老師為人、品格，身教勝於言教，學正藝除強身、保命、防身，並能敦品勵學培養俠義精神，磨練心志，充實生活，享受美好的人生。

（一）找到好老師，雖值慶幸，但重要的是要靠自己對習武的狂熱，每日勤練，敏銳的領悟力，鑽研一招一式威力之所在，其玄機所在，怎樣融合運用，熟能生巧，如何隨機應變，從心所欲，收發自如。任何武術均無底，故強中更有強中手。自滿、驕傲、逞強、鬥狠，不但不足取，且為習武者大忌，往往因此引禍傷身，違背習武初心。故良師不但放手真傳，在品德上發揮陶鑄力量，潛移默化之下，習武者成身手與思想端正的人，做個允文允武新青年。

（二）評李小龍：一九八七年二月七日刊於加州僑報「國際日報」中華武藝專欄，題目「李小龍只知皮毛」。原文如下：

至於李小龍的影片為何令人愛看，主要是他懂得中華武藝的要領，想是他用心研究武道，想出了些武藝真理，與中華武藝相通，包含在中華武藝理論中罷了。

從李小龍的影片中，可以看出他的拳術，只限於跆拳道的範圍，他用腿時多，形式為「跆拳」。用拳，掌時少，架式，跳躍均屬跆拳，招式變化少，尤其看不到上乘國術的奇招怪式，足以克敵致勝。嚴格說來，李小龍只是取其皮毛，還沒有入「中華武藝」的堂奧。利用電影的特寫鏡頭神化了「中國功夫」。因此自李小龍以來的「中國功夫」在全世界不脛而走。

縱然如此，但李小龍最突出處，他知道制敵之前，爭取第一時間，也就是搶在敵人一拳或一腿擊出，第二次出

擊尚未開始的剎那，全力加以閃擊；他知道全力進攻，勢
如瘋虎的戰鬥要訣。

　　此外，李小龍了解練武必先把自己全身練強壯，讓身
體各部門皆成打擊敵人的器具，所謂銅筋鐵骨，便於有效
使用，武藝練到高明上乘，自能變化應用，而達到從心所
欲境界。

李小龍表現似跆拳

近來關心中華武藝的人漸多，而各門各派分立門戶，有互相排斥者，而最具宣揚的影片，往往把京劇（臺灣稱平劇）上的把式、功夫稱為國術，大肆上演，國內辦的國術比賽，選手對抗時，用的拳術招式，總不出柔道、跆拳、空手道等格局，偶爾還出現西洋拳影子。奇怪的是廣大觀眾和眾國術裁判諸公，竟似看不出全非中華武藝，而加以指正。

筆者與國內幾位深藏不露國術大師長輩談起，皆希望對我國武藝作重新整理，把名稱統一為「中華武藝」，把拳術分類，以別於京劇把式，江湖賣藝，電影套招，和脫離現實。雜技團的特技，尤應與「脫門」表演分開。

同時把現行各門派專供表演的套路（花拳），與真材實料的實戰部分分開，不要混亂。套路使用「中國功夫」，像一陣邪風般，颳走世人一批鈔票後，便消聲匿跡，或經不起實戰考驗，在對其他國家比武時慘敗，而令嚮往者失望。

綜觀李小龍，功架、身手靈敏度均屬不俗，堪為「上乘」，惜未遇名師，而進入高深、實戰獨特的中華武藝中。

碰手臂見威力

　　筆者雖工作繁忙，總抽空練武藝，並長期苦練夏師傳授基本功正確練法，曾於一九六五年遇年輕的黑帶跆拳道手，其家中比賽獎狀等多張掛牆上，無意中知筆者練國術，於是要求「過招」（比試），在推辭不了情形下，便到一無人之場地備「試」，豈知黑帶年輕人可能想給我這叔叔輩來個下馬威，以顯示跆拳高手不虛，待我剛站住，未及發話，他就迅即抬高右腳一個閃電似「掛踢」，正面踹向我頭臉，此應是極無理的狠招。可能他心想既是「比試」，自不計方式，才能試出優劣程度，此舉應無可厚非。但他萬想不到，我反應也快如脫兔，立即自然進步出「橫拳」架擊。是形意猛拳之一。剎那交手，結局竟出奇可怕。他在我抗擊下應聲急倒，且已昏去，我慌忙俯身急救，掐人中及壓揉幾個穴道，約十分鐘始能起立正常。從此每日亦配合我練形意時間前來學習，唯因其跆拳拳路定型一時難改，又因其舉家移民國外而未盡全功。

　　另有一次無意間發現勤練基本功的威力值得一談。我近七十歲時，參加旅行團遊長江，全團二十餘人，一路上空閒時間，團中一位壯漢突然心血來潮，要和團裡各男士比腕力。

　　經七八人皆輸他後，已全團無敵手。只剩年紀最大的筆者尚未較量，似見我年長「勝之不武」，有點不好意思。但看我身體壯精神好，對他連勝表情平淡，乃在大伙都站甲板觀看四野風景時，突然向我要求一試腕力。甲板寬闊，但無桌椅，我說：「好哇！我願試試！」、「這樣吧！我兩碰碰膀子如何？」他立即說：「好！」並捲起袖子露出練舉重健美粗壯臂膀，一副不把我手臂打斷才怪的架式。

　　我說：「我們碰三下好嗎？」，他點頭。頭兩下雙方不怎麼樣，唯最後這一下雙方都大力加速碰擊，兩臂電火般一撞，出奇的事情發生了，對方居然應聲倒在甲板上，驚動四週多人圍觀，經其妻解釋非打架及我俯身急問，始知他整條臂膀發麻疼痛無知覺，便為其用力按摩，慢慢恢復知覺才站起來。此事頗感意外，原來基本功這麼厲害，難怪夏師曾指李小龍的腳如影片中踢法會被重傷。

武藝與品德

　　讀我國武術史，證實「必勝拳」是形意，而形意在歷史軼事史所向無敵，卻在近年觀查竟似無甚威力，皆屬套子拳，同樣拳名，舉手投足，一招一式全無威力，且各拳路與筆者練的全不相同。我已八十五歲，下筆不能鄉愿，不怕得罪人，必須說真話。那就是凡我見過的武術表演、牒片、或大師級現身說法，寫出的形意都看不出威力。尤未正確指出基本功之不可少，基本功該如何練。

　　既然寫書，便應把所學合盤托出，讓「絕學」重現，傳下去才是。

　　對於「必勝拳」形意拳，筆者除練習時忘我的融（溶入）拳路，平時工作、閱讀、閒暇時，「拳」的思考會自然回蕩腦際，只要在室內，便片斷記述。茲擇錄如下：

　　一、戚繼光談武術，強調實用，和岳飛同，是實戰應用派。拳術要有「不招不架，只有一下」的功力。想到夏師曾說其早年在武術界有「太極十年不出門，形意一年要人命」。因此認為形意拳不可輕易出手。至於不招不架只有一下，不單指形意拳威力，必須有上乘基本功。否則出手兩傷，也就是自己也會受傷。

　　二、形意拳之疾：眼、手、腳、意。即手疾眼快；手

不等腳，而腳隨手走。意之所及快似電光石火，一旦出手則生龍活虎，出手進腳身手奇重，整個身體飛撞向前，然步法尤重，勢如瘋虎，霸道勇敢，且因「攻」、「防」一體，又攻其所必救，招招打敵致命的要害，頭部如眼、鼻、口、太陽穴、耳、頸、腦、肋骨、小腹、下陰等。敵人必救的部位，亦無力反擊「交換」，實難應付，是為必勝拳也。

三、習武者應超脫於生死恐懼之域，而後大敵當前，心態泰然，處之若平素。所謂交手、出手（打人）如走路般自然。

能領悟解脫於恐懼、罣礙之中，了卻生死關頭，而後大雄大闊大無畏，證入超脫境界而至涅槃，類似佛法「無我」之昇華，故上乘武藝總有幾分禪機，心意活潑而出奇鎮定、靜棲，超乎寰宇得其象中，做到靜如處子，而動如脫兔。

四、見美軍新版「作戰綱要」開宗明義，其作戰指導思想，就是孫子兵法的「攻其不備，出敵不意」。目前美國凡教授戰略學、軍事學課程的大學，尤其是軍事院校，均將孫子兵法作為必讀教材和必修課。美國國防文學還把孫子兵法列為將官主修戰略學的第一課。

為此夏師特別指出，練拳習一流技藝遠遠不足，形意拳之所以稱智慧學，又名「心意拳」，是因其拳術與孫子兵法理論相通，小焉者為個人，大焉者為部隊、團體、國家軍事。

　　譬如與一般武術不同之攻防一體，主張奇襲，兵不厭詐、迅雷不及掩耳出其不意，搶佔機先等。

　　形意拳不僅招招奇襲，攻其所必救。最特別能揉合具威力的八卦掌（拳），成出神入化。往往能出手後變化為與一般不一樣具實戰威力的八卦掌，出手後不須收回可繼續攻擊。按其他拳腳出擊，必一招一式將擊出的手、腳收回後才能再出擊。但此拳完全不須收回，便能閃電般繼續攻擊。按武俠小說中常寫的「出擊這一招已老」「老」的意思是一拳、一腳擊出至必需收回才能再擊剎那。否則無法繼續戰鬥。

　　五、最近我看了中國大陸國家一級裁判員、北京武協形意拳研究會會長邸國勇的「形意八式拳」，和張全亮的「梁式八卦掌」，令我非常失望。都是些僅供表演好看的「花拳繡腿」。不客氣的說，均失真，不正宗，且毫無威力，甚至可以說是錯誤。難怪這兩種拳在兩岸拳界無法轟動出頭了。這與拳史記載「半步崩拳打遍天下無敵手」、「必勝拳」美譽與實戰後之「公認」威力等完全不同。看不到「真傳」了。這也是我在風燭之年寫出此書，介紹符合史書記述具威力之「必勝拳」的練習方法，和不一樣的拳路。

風燭之年寫書企傳承

　　夏師曾於言談中，指出中華武藝最重要者，依次為初級練太極、中級為形意、高級為八卦。太極之後必練形意，而形意為必勝拳，威猛如瘋虎，應所向無敵，拳拳打四方八面，再加上八卦之旋轉迷幻，更是如虎添翼，威猛、快速、兩相結合，能如影隨形，拳藝立時進入化境，所謂出神入化，神出鬼沒，絕非其他（雜拳）拳術可比。

　　不過夏師常念及，練拳不練基本功，到頭依然一場空。也就是無論再好的拳術都等於零。故習武同時要把全身練成銅筋鐵骨，也是一般人口中的「功夫」。

　　基本功不是蹲「馬步」、「站樁子」、「弓步」等，都是在練「銅筋鐵骨」時的附加訓練。這功力要靠正確練法、毅力、時日累積磨礪而成。功夫硬底子，加上上乘武藝之成熟，始能稱得上是中華武藝這門學問中的優秀學生。

　　我很希望到大陸以武會友，現身說法，將畢身獲夏師「必勝拳」、「八卦掌」演給同好了解、研究。

　　由此憶及那年約七十歲時，一家人到上海擬購屋。房屋仲介為半官方的普潤公司，其經理人等與家人談購屋事，公司黃副董和我閒聊，突發現我年邁卻魁梧且精神奕奕，乃問我平日是否作運動。我就把練形意及八卦和各絕

招等相告，由於他練太極已快三十年，對武術是行家，與我談武術，聽我點滴相告，知我拳路特別，過去從未聽見過。希望我們將三日後返臺機票延後數日，他準備請北京掌全國國術的領導趕來和我見面，研究如何讓我把所學傳到大陸。他是真識貨者，稱我「國寶」，意思是要留下我這身真「必勝拳」，免淪失傳太可惜。但因我在臺尚定期要為雜誌撰稿等而婉謝其好意，唯對黃君愛武及「識貨」感到難得。也因此埋下病後寫出第一本國術書的動機。

六、習武的呼吸也屬基本功之一，這十分重要。它首要心平氣和，泰山崩於前而心不動，養成遇事平靜。在練拳中，同時養成正常呼吸習慣，因只有正常呼吸才能持久，否則幾拳下來便氣喘難接續進擊，能做到保持正常呼吸，自不易感覺勞累，換言之，就是越打越起勁。

七、至於常見一般國術表演，如大棍擊背、擊臂、擊腿、鐵板擊頭頂、鐵筋刺喉、以掌碎石、擊破磚頭等看似精彩，唯均在正統武術之外，被武術界稱為「脫門」，它是有相當技巧的，而空手道、跆拳等的「擊破」也為「巧門」，是練不出實在有用基本功的。

正統實惠的基本功，要靠堅強毅力，耐心，在老師指導下，一點一滴，日積月累，天長日久，始能有成。

所謂正統基本功，是可將身體各部練成「銅筋鐵骨」結實經得起打擊，而當出手重擊不會自傷。

筆者無時間練及全身，僅練了雙手掌和左右臂膀。

八、在臺灣，人人愛看武俠小說，特別是「大俠」金

鏞之作，每本故事暢銷，聲名遠播。但如注意其人物，武術高手的打法，會發現是十分「不專業」的外行。

小說談武術稱內行的，以筆者看過的，要數日本《宮本武藏》作者伊織，和三島由紀夫。應是武術家談武術。以練武人看，其打鬥情節合常理，具實情，非天馬行空超乎現實，不可能的想像。

九、形意拳的另一特點，以筆者經驗，每出手必是「冷勁」，也就是「末稍加速」，是為「冷勁」。這用法恰似練基本功要練「滲透力」類似，面敵凡出手要眼明手快，身手疾如閃電，且手腳皆重，硬進急攻，能如影隨形，敵人難躲難逃，追風趕月不放鬆。必勝拳之名絕非偶然得之。

十、有謂形意拳五綱：

劈：五行屬金，主肺，勁順暢則肺氣和。人以氣為主，氣和體自壯。

崩：五行屬木，能舒肝，是一氣之伸縮。其拳順，則肝平而精神抖擻，筋骨強健，腦力好。

鑽：五行屬水。能健腎，其氣之行，如水汩汩周身暢流，無所不至。其氣和拳順，腎水足，清氣上升，濁氣下降，此拳益腎。

砲：五行屬火。能養心，是一氣之開合，如砲炸裂，其氣和，則心中虛靈，身體舒暢。

橫：五行屬土，能養脾及胃，是一氣之團聚。其形圓，其性實，其氣順則五行和，百物祥和而生機發。

　　由此談形意拳之道，有三步功夫、三種練法、三層道理。練武中的功夫為易骨、易筋、洗髓。練法分「明勁」、「化勁」，道理是練精化氣、練氣化神、練神足虛。

　　此為練形意拳者應奉為主皋者。蓋有一說，形意拳雖名稱為拳，實至道也。因此形意可養氣，氣足通體運行，自然體壯四肢強。

　　十一、形意拳極霸道。出拳均屬奇襲，閃擊。絕對不考慮對方如何出招，因為形意拳出手不但是奇襲，並且擊與防一體，擊中帶防，是謂攻防一體。換言之，即不像一般「過招」你來我往不斷招架。形意拳出手必擊敵人身體要害。對手必不敢交換，一定得把攻擊出的手或腳，迅速收回來救自己「要害」，每出手奇襲中，必暗含完全之防守。

　　這就是實戰形意拳的威力、霸道所在。如形意拳和上乘八卦結合，則彼此威力大增，武藝施展出神入化，更令對手難捉摸，那才是「加料必勝拳」。

　　十二、請注意，本書最重要部分，在實戰形意和八卦的正宗實用，以及巧妙有力而罕見步法。加上必修（練）而獨特的基本功的練法。

　　筆者曾看過大陸、臺灣、香港、和海外等地的中華武藝表演或光牒。發現均是套路花拳，也兩次至少林寺看武僧表演，極盡商業化，花拳繡腿，可惜仍未見上乘絕學，反見其展現些非屬基本功的「脫門」（偏門），不是正宗武術，是含技巧好看的武術以外，適合北京「天橋把式」類

似的東西，只能唬騙外行，卻看不到真「貨」（真東西）。

總之，這些年來從汗牛充棟的武術現代版中，只見「必勝拳」史，卻在拳術打法都看不到足以證明「必勝拳法」且述說平淡無奇，看不見有威力，與筆者所練不可同日而語。這也是筆者寫此書主因。

本書要把中華武藝實用絕學合盤托出，何謂「必勝」，打法威力何在，還有如何練成基本功，和迄未面世的「絕招」，以及武術家應具的品德、修養、安全防身要訣等的綜合基本知識。

近聞中國大陸大力宣揚博大精深偉大的中華文化，提升人類內涵質素，更在國內將國術列為文化的部分，是可喜值得稱道。

十三、形意拳最早記載為「心意拳」，是以心行意，即心之想往，拳即至之。含從心所欲，無往不利之意吧。據考據，「形意」為後人筆誤，然演進始增十二形，而觀十二形之取，大同小異，各有出入。筆者雖習武，仍只介紹具威力者為主。

十四、形意拳相傳自宋朝名將岳飛，此說法較為可信，因此拳簡樸、明快，出手勇猛無敵，是戰陣首選必要。又以十二形為輔，尤助威勢，立於不敗，所向披靡。故最適合作戰贏敵，此拳站立穩如山，心記垂雙肩，墜肘，沉氣（自然呼吸），瞪目，咬齒，舌頂上顎。形意步法真傳未見於世，被指拳中至寶，惜乎失傳久矣。

本書將失傳之「至寶」重現。按此拳分明勁、剛猛力

道，習練筋骨伸張，大開大合，前腳隨拳疾進重踏跟進，後足亦立即緊跟。習此拳者體力越練越充足，出手猛烈，能任意重擊四面八方來的敵人，轉向迅快，進退自如。

十五、習練形意拳，夏師常提醒手不等腿的要領，據吳圖南所著的《國術概論》中，有「形意交手論」頗值參考。如下：

夏師授形意拳強調「速度」，指出要「手不等腿」、「拳不等腳」。形意拳之交手論，佔右進左，佔左進右。（當出拳時必微側身，是基本之三體式站法）。落步足跟著地，足趾抓地，自能步法穩固，身體端莊。發捶要沉實有力，出掌要觸敵成拳，拳須捲緊。掌力充實。（這是劈拳攻擊要領，發掌擊敵由掌變拳）。出入均勻，上下一致。（即攻防一體之謂），心意為主，手足隨之，去不貪歉，退不即離。（見機度勢，瞬間定行止）。進身進步，拳步齊出，一動俱動，一伸皆伸。（形意拳特別處，是拳、腳既出，整個身體亦如彈頭，與拳腳一併投向敵人，形成硬闖而進，令敵難招架和躲閃）。不論提打、按打、烘打、旋打、斬打、沖打、肘打、胯打、掌打、腕打、頭擊，進步打、退步打、順步打、棋步打，以及前、後、上、下、左、右，各種打法，皆須手足相隨，身步合一。自能進退得宜，攻守得機。至於出手機先，宜佔正門，發手須快，不快則有遲誤之弊。舉步要靈，不靈則乏變轉之機。手足動作活潑，心思必須精明。勇往直前，勿生遲疑之念，膽大心細，毫無畏懼之心。靜如處子，動如脫兔。

敵之來勢，須加詳察。腳踢膝撞，拳擊肘打，窄身進步，起落正斜，換身退步，橫攔倒進，抬腿伸足，指東殺西，上虛下實，瞻前顧後，真假虛實，指不勝屈。

故應敵之際，重在靈機（此為智慧拳）。機先則制人，機後則制於人，望敵起落，乘勢相隨，身手齊落，無往不利。過遠不可進擊（敵在我有效打擊之外），以免中計。左來左迎，右來右迎。長則伸手，短則加肘，遠則足踢，近則膝撞。內以意進，外莫帶形。捷法取勝，審顧地形。手急足跟，動轉活靈。（形意拳有特殊步法，瞬間變換方向，前後左右變換如電光石火，足以應對八方來敵）。行走如風，腳落如釘。拳似流星，身若雲龍。進如猛虎（夏師要求如瘋虎），退似落潮，亦可閃電般一百八十度轉身的獨門步伐，來個厲害；出敵不意回馬槍重傷敵人。練習時對面如對敵，交手時有人若無人，前手去後手緊隨，前足進後足緊跟，面前來手如不見，胸前來肘若枉聞。遇空不打，見空不進，拳不虛發，意不妄動。心童為主，骨肉為賓。久而久之，乃有圓活自然之趣，豈料不僅出手出有奇效，對於養生，亦有莫大之裨益。

十六、市面上各種武術書籍眾多，汗牛充棟，習武者要想只看書就練成好武藝是絕不可能，必須要有名師現身說法，再看書才能心領神會，深入了解而不失真。

另凡學過多種武術，有時面對敵人，緊急對應，亦會將練過的武術綜合出擊。就是自然施擊，臨時適合哪一招便自然出手，不會死腦筋只用一種方式。

　　譬如筆者在紐約「修理」到親戚店裡搗蛋的美國青年，因無法以重拳出擊，故改以擒拿或柔道驅趕，避免使對方受傷，因用形意拳出手太重，對方會受傷，情況危險，不可任意用拳。形意拳史既譽為「必勝」，自具相當的威力，唯從近代表演，光牒中都看不到威力，與筆者傳承夏師者不可同日而語，這是筆者引為萬幸者。

　　十七、筆者習武巧遇夏師，他見我體格、知識及對武術熱愛，乃願傾囊相授，每於教導之餘，亦常涉及學問。然因身分職務特殊，總低調而深藏，也是筆者謹尊對夏師軼事盡量少著墨之故。

　　十八、唯夏師面對各門派武術雖表尊重，但他要的卻是必須「實用」。認為「實戰」重要。因此青年時經拜過三十多名師，最後學得的僅「形意五拳」與「八卦八掌（招）」，以及近將失傳的絕招（殺手）。認為習武者熟練足已。

　　十九、談到中華武藝，筆者畢生所習是大收獲除承傳夏師「形意」，和在外尚未見過的「絕招」外，即不同一般習練的「八卦掌」。夏師認為「形意摻入八卦」則出神入化，剛柔並濟，相輔相成，尤能威力無邊，保證勝卷。筆者所學「八卦掌」路單純樸實，只有八種，出掌迅速，直取敵人要害，掌疾力猛，步法圓通，身形流轉，換位迷踪。這與各地表演和教習者全然不同。

　　二十、至於「八卦掌」的歷史源流，傳說頗多，筆者仍以日人松田隆智著之《中國武術史略》較深入，內容豐

富而引用參考如下：八卦掌顧名思意，武藝皆用掌。

八卦掌的又依技法、動作多樣而演化出「游身八卦掌」、「龍形八卦掌」、「八卦連環掌」。也有只稱「八卦拳」的。

八卦掌的定名有各種傳說，但一般考據以董海川總其成較可信。董海川為清朝乾隆年間，河北省文安縣人。他天生高大魁梧，力大過人，家境富裕，自幼酷愛習武。及長雲遊四海，遍訪名師，當遊至江南，在安徽、江蘇一帶巧遇身懷武術道士，便在當地雪花山道士居住的廟裡落腳，向道士習練他從未見過的武藝，也就是「八卦掌」。

另一種傳說，相傳董海川一邊練武，一邊鑽研易理，如河圖、洛書，便融入武藝而成就打八方，且變化無窮的攻擊方法。便稱做「八卦掌」，但由於施展武術均用手掌，便定名「八卦掌」。

二一、然考其武術源流，又有一說，江南一帶自古即流傳一種武術稱為「陰陽八盤掌」。是早在董海川出生前便已存在。這種掌又稱「陰陽八盤轉環掌」，或稱「八盤拳」。手背為陽，手心為陰。八盤代表四面八方，即前、後、左、右、左前、右前、右後、左後。在此八方立以圓柱，是為八盤。圍繞此八根木柱即「八盤」。而八方位置恰似八卦之南、西、南北、東北、東南、西北、西南完全一致。

二二、陰陽八盤掌，有一說是江南董家傳延的拳法，傳至第三代董夢林時，出現三個傑出弟子，他們是董漢

清、李根清和薛永和。董漢清後更名海川，是到北京後將
「八盤掌」改為「八卦掌」，並以此武術向其弟子傳授。

　　至於薛永和及李振清，前者傳陰陽八盤掌給其子薛振
海。李振清則廣為授徒，傑出者姚寶珍、任致誠、蘇景田
等三人。其中任致誠一九三七年居住天津時著《陰陽八盤
掌》一書，亦成另一拳種。

　　「八卦掌」在中華武藝中，是繼「必勝拳」形意之
外，另一特殊重要拳種。其拳路迅猛、輕柔、飄忽，變化
均難捉摸，而屬最高級的武藝。在實戰時，掌路千變萬
化，前後左右，輕快靈活，貼進、拉遠，雖輕實重，變異
無窮。且能出掌後不須收回，變招追打，閃電續攻。

　　二三、寫「八卦掌」的書，有周劍南的《八卦掌之研
究》、金恩忠的《國術名人錄》、孫福全的「拳意述真」
等，而松田隆智則綜合介紹之。

　　二四、國術史中，較著名拳家中，八卦掌部分，真才
實學，具威力「真傳」者難見。筆者綜觀現行武術界表演
的，只能說繁雜花巧好看，卻不能適合「實戰」，看不出
攻擊厲害難防高妙之武藝令人欽服敬畏之處。

　　近代學形意拳者多半會八卦掌，主要希望兩相結合，
使必勝拳揉入奇幻掌，增加剛柔融合，拳掌交相發勁，成
「迷魂拳或掌」。使敵人更難捉摸。臻於「必勝拳」和
「無敵掌」境界。

　　二五、然而「實戰」者必屬化繁為簡，威力四射者。
但觀現實各方善「形意」與「八卦」者，展示此兩種名

拳，行雲流水，相當好看，都似化簡趨繁，看不出精髓，按古人習武主要在贏得戰鬥，保身家，衛社稷，生死存亡所依，絕不只供表演好看。筆者風燭之年執筆，只想將夏師真傳「無敵掌」寫出，以免「實戰八卦掌」埋沒。

二六、筆者一生工作，專業要求在「真」、「誠」，僅守「威武不屈」、「富貴不淫」、「貧賤不移」信條，故秉公評論我國武術現況，超越門派圈子，直指正反，不負所學。

二七、在武術史中，八卦掌名師根據松田隆智收集資料編成的《中國武術史》記載，較有成就者，即在實戰中表現實力者，為董海川，詳情參照前述。

董海川習武有成，去北京深藏不露，當他做肅親王宦官，因肅親王好武術，常把各地武術家招到宮中演武為樂，凡發現出色的武術家，就留在宮中當護衛，可做教師讓他學習。這些人住的地方稱「護院」。當時護院總管姓沙，原是強盜頭，其妻馬氏，兩人皆擅長武術，特別是「投槍」，號稱百發百中。

一日，宮中演武會，董海川被吩咐做茶官。不久，肅親王要飲茶。唯在他周圍排有兩三重人牆，無法把茶送到，董海川無奈只好從後面繞過來，跳過牆，把茶給了肅親王。肅親王見此情況，覺極不尋常，對其身手特殊頗覺奇怪，追問他是否會武藝，他就按照肅親王要求演練了他的拳術。但見董海川拳法變化無窮，行雲流水，滔滔不絕。肅親王和眾武術家皆頗驚，均未見過如此神妙拳法而感到不可思議。獲得眾武術家一致讚揚。

護院總管沙氏夫妻見此情景，內心極為不快，乃向肅親王允許他和董海川比武，獲同意。兩人便交起手來。雖打鬥多時，沙總管就是無法取勝，肅親王見狀大喜，就改由董海川任護院總管。

吃了敗仗的沙某越想越氣，便與其妻計謀暗殺董海川。某夜，他倆偷襲董海川，但武器卻被董海川奪下，這又一次領教到董海川武藝高強，當下雙雙跪倒求饒，並求教，唯此事傳開，這對夫婦便不知去向。

在董海川任護院前，經常有潛入宮中盜寶者不停，自董海川武名傳開，盜賊從此不敢上門了。董海川直到年邁退職，由其傳承弟子尹福接任。董海川逝世於光緒六年（1880），享年八十四歲。

其獲真傳弟子尹福與其他弟子，共同在北京東直門外，紅橋大道旁立碑紀念，記述及頌揚董海川一生事蹟，與對中華武藝之貢獻。

尹福，河北冀縣人，後來在北京城內經商，專做銅器買賣。他性情溫和，議義氣，初習花拳，後師從董海川學八卦掌，認真勤習，終能繼承董海川衣鉢。他武術精純，亦擅器械。喜用鐵製銳利如筆的武器，取名「狀元筆」，在北方有知名度。

尹福天生瘦小，人稱瘦刃，有一次尹福友人捲入東、西倉權利之爭，就帶著「狀元筆」隻身前去趕走暴徒，後暴徒僱一楊姓鏢師企圖暗殺尹福。楊某帶手下襲擊尹福，被尹福空手擊退，而楊某在打鬥中竟誤殺其手下，反因此

而入獄。於是尹福名氣更大，被肅親王招進宮，教肅親王子弟學習「八卦掌」，隨後又繼承其師父董海川的職位，任宮中護院總管。

尹福逝世於宣統二年（1910），享年六十九歲。其子尹玉章，承繼了尹福衣鉢。向他學拳的人頗多，得真傳的有馬貴、宮寶田、崔振東等三人。均曾隨尹福入宮任護院。當時各門派邀來演武的名家，皆非馬貴對手。

民國建立後，馬貴仍留在護院工作，經友人開導，於民國八年（1919），河北省國術館成立，被聘為顧問。他在任教憲兵學校時，學生要看他表演武藝，他就叫二十多名學生各持一木劍或竹槍，他自己也持竹劍，他要學生圍攻，卻能連他衣服都觸不到。

又有一天，學校炊事員和煤舖商人發生口角，激怒的商人舉起棒子就要向炊事員打去，當揮出的棒子要打到炊事員頭頂時，馬貴喊聲「危險！」，已飛身跳起，在商人胸前用指尖點一下，商人立刻倒下，經馬貴拉起才恢復知覺，這種本事，現場目擊者無不讚嘆佩服。

馬貴教的人雖多，卻無正式傳人。歿於一九三○年左右，享年七十餘。

李文彪，河北人，生於冀縣，師從程延華，學八卦掌，也習劍術和方天戟。曾隨徐世昌到東北瀋陽，對當地著名武術家李鳳九高傲的態度十分不滿，乃和他比武，結果無論拳術和劍術均勝李鳳九。李文彪因功升營長。於民國十四年（1925）遭逢兵變而死於亂槍之下。

　　周玉祥，河北武清縣人，體形高大粗壯，性格豪放，大膽無畏，他在十八歲時遇盜賊闖入鄰家，捆住主人，要搶財物，周玉祥發覺持刀跑去砍倒兩人，其餘幾人見狀都匆匆逃命。因此事而被介紹到北京師從程延華習八卦掌。認真勤學有成，後在北京與天津一帶任特務（偵探）。突聽說大名（明）府鎮臺官之六公子召集武術家比武，就去應試，大獲全勝無敵手。六公子大喜，乃挽留他教六公子練武。此時九公子教師聞此便要和周玉祥比武，他也打勝了。六公子更加高興，出資為周玉祥開辦市場，任周玉祥主持，使周安定生活，其得意弟子為高義盛等。

　　宮寶田，民初山東牟平縣人。體格矮小，性格剛烈、暴燥，動作慓悍精靈詭異，刁鑽，敏捷。其兄任職清宮，經兄介紹得師從尹福習八卦掌，得真傳而武藝高超，後做八旗軍隨旗將軍護衛（保鏢）。隨將軍到過福建、廣東。當尹福告老還鄉，其接任護衛職。

　　寶田與馬貴都獲尹福真傳，他二人的八卦掌和一般打法不同，是以點穴為主的「插手」。此技可運用為針灸。此外他兩人的輕功、跳躍技術也很出色。

　　據說宮寶田晚年隱居山東牟平縣，住農村兩層樓，沒放梯子，雖已七十多歲，作能跳進跳出。還有一次，國民黨第五路總指揮官張驤伍訪問宮寶田，他跳過河流出來迎接，令這位將軍十分驚嘆。

　　宮寶田年邁辭宮，隱居山東，少為人知，只在孫錫堃著「八卦掌真傳」的「八卦拳根派五代名人」中記述他的

事蹟。生前真傳僅其侄宮寶齋，及河北的劉雲樵（八極拳家）。唯夏師也認識劉雲樵，曾稱讚其八極拳功底深厚等。卻未提八卦掌，而夏師傳授八卦掌，只限八掌，施展八下，不過各含強大威力，配以獨特步法，再與必勝拳形意結合，剛柔並濟，變化多端，成最實用武藝。

　　走筆至此，寫了不少武藝歷史，令我不解這些武藝名家們，少談極重要的基本功，不知何故？因練武者皆知「練武不練基本功，到老依然一場空」。因不練基本功的武藝只適合表演、健身。一旦對敵或比武，往往自己會受傷。因此本書將介紹基本功練習方法。

中華武藝之正名

正名原由：按中國武術流派太多，當其臻高深化境，乃與真、善、美結合，融為一體，即健、力、美的昇華，具出神入化莫之能禦境界，故可稱「武藝」。

中華武藝是經幾千年的實戰，老祖宗代代相傳，改進再改進，實驗再實驗，經長期搏鬥實戰演化創新而成，其巧妙和無窮威力，非吾人窮一生之力所能想像創出。其一招一式的銳利驚奇厲害，如無師示範傳授，我等一輩子也想不出。

目前綜觀國內外習武者，均不出花拳繡腿，供表演好看而已。如要應用則必覓擁真傳能實戰取勝者，同時正確方法（十分簡單易學）長期配合拳術練基本功。

走筆至此，忽憶及民國六十五年左右，住新店市近五峰國中，每晨五時在該校操場大樹下練形意拳及八卦掌，一日突來一位自稱姓張，武術界小有名氣，多年來在新店忠烈祠附近教太極拳和推手，自我介紹為陸軍少將。

此人因未見過我拳法，向我詢問拳名。我因見他言語很「沖」，恐惹麻煩，堅持所練為健身操之一種，他似不悅而去，不料次晨又來，一身勁裝（類似運動服）、球鞋，且頗唐突的再一次向我詢問拳名，我說只是健身操而

已，希望他不再問了。豈知他施展太極拳推手，欺身對我
胸前就是一下，我迅速側身閃過，按夏師教導，遇此類狀
況，通常可讓三次，對方仍不識好歹，則出手可也。當時
此君一擊未中，順口說：「唉！你還會聽力嗎！」似更不
相信是健身操，且有氣上心頭之勢，乃不禮貌地一連出手
了三下。在其等三下推出剎那，我整個人飛身衝向他，同
時用形意橫拳（發右手）重擊他右肩（不願打要害），卻
滑到他右顎，由於連衝帶打，我當時體格強壯九十五公
斤，全身筋肉硬邦邦，他倒退四、五步差點摔倒，右臉微
微紅腫。站定後自言自語，對我說：「你這拳已九成功夫
了，你不說算了」。轉身而去，沒有再來。

被多人圍攻的打法

在實戰中，常見好幾個人圍打一人，特別在電影裡，從李小龍影片，可看見他能站在包圍圈中央，把這四周的敵人打倒。但事實絕非如此，這狀況合理的打法是要「保持及造成一對一形勢」。也就是衝出、衝進，自己面對的，一直是跟（追）上來最接近自己那一個。如此才能施展身懷武藝，對一群人「各個痛擊」或脫身。因此電影中的李小龍，能原地站著打四方，是不合實況的，錯誤示範。

在武藝中還有的基本概念，謹記「快打慢」、「遠打近」、「重打輕」。

「快打慢」：身形靈活敏捷，出拳如閃電，即令人措手不及，趕不上防守。

「遠打近」（長打短）：這情形較特殊。不是一般人所能辦到。是形意拳步法，所謂「雞步」始能「竄」出疾衝。更進一步解釋，即在對敵距離，必須是敵人站在一出手打不到我，我出手可由步法的優勢而能打到對方。

「重打輕」：這同樣與基本功加武藝技巧有關。這顧名思意，出手要相當的重，「重」的來源，第一要有速度，其次要有結實硬如鋼鐵的身體、四肢，否則雖閃電出拳，重擊敵人，往往傷到自己。尤其重擊以形意拳或八卦

掌，有時「身隨拳（掌）」飛出，沒練基本功自難「重打輕」了。

談武藝的好處，常不自覺想到九十九歲午休時仙逝的母親安甯師樸。她從小便膽大、機靈、反應快，外公在清末為東北外科醫生，在日本遇孫中山先生而參加同盟會，是東北反清志士之一，名甯武，在中華革命史中亦詳記其事蹟。當時母親年少，卻是外公與當地革命同志之間的「信差」，她穿梭在革命黨人之間，而神不知鬼不覺，滿清官員無人注意。當民國建立時已結婚有子女，卻逢日本侵略，必須逃難。因此母親認為新青年應是允文允武，文武全才，始能防身健身。這是筆者追求知識，終身讀書與練武，獲得愉快、滿足生活憑藉。

救腳扭傷神技待傳

　　筆者有獨門專救腳扭傷立即復原技術，以現今醫術名稱，應為「民俗療法」。

　　我國自古練武難免遇到受傷情形，對跌打損傷急救，多少了解為佳。

　　我得師傳授，學會肩膀脫臼、臂腕脫臼，及常見的足踝（腳後根四周），只須幾秒鐘可由痛得不能動變健康原狀，從無法站立到馬上行走自如。我擁有此急救術一直少人知，對人說也不會有人信以為真，因為這太神奇了。

　　先談最近的，我和老伴，由兒子提議去大陸烏鎮一遊，機票訂二〇一九年十月八日下午由桃園機場搭機。兒子一家三口共五人，屆時兒子開車自永和到機場，車放機場，回來原車回家，十分方便，但萬想不到的事發生了。

　　七日中午兒媳突來電話稱糟了，兒子在辦公室搬物扭傷腳踝，疼痛不已，無法行動，旅行可能要放棄。我聽了也吃驚，叫他趕快到我家裡來，我告訴他可以治好，兒子從未聽過老父有此本事，將信將疑地被扶進來，滿臉忍痛模樣，用拐杖勉強走一兩步右腳不能著地。我把兒子扶坐高椅，他怕碰傷腳，口中直呼痛，但見右腳踝已紅腫，說回他家時，難下計程車，大廈保全見狀扶進來一陣揉按，

便痛得更厲害。

又想到無法開車、行走等等正不知怎辦，我不由分說，叫他看向電視，全身放鬆，用右手掌輕握兒子紅腫右腳跟，左手輕抓其右腳背，趁他不備（不注意）剎那，用力把他右腳齊腳跟與腳背，突然猛的向右翻上（向右上方翻）。然後連續動作，右掌握住的腳踝硬住（穩住不可擺動），左手迅速將腳背用力壓下，立即鬆開雙手。

瞬間兒子緊鎖的雙眉不見，馬上起身在客廳轉圈，就這麼神奇，次日準時開車，用於踩油門、剎車的右腳運用自如。兒子五十出頭才知老爸有這本事，否則不但去不了烏鎮，一般傷筋傷骨痊癒非百曰不可。

二〇一九年二月在大陸上海兒子家中，一日中午，小孫女一跛一跛進門，直喊腳痛，說在學校打手球時扭傷了腳。查看發現右腳踝（俗稱腳脖子）紅腫，已不能正常步行。我立即抱她坐高椅子上，使用治兒子同樣手法，瞬間做完，我叫她起來走走看，她一離椅竟又跑又跳，宛若未扭傷一樣。

十幾年前我參加華航朋友旅行團，在張家界群山深處，解放軍賀龍銅像前，有一斜坡，突見一西裝革履大漢失足跌滾下去，當時我們二十一人正往下走，大漢團隊也有許多男女，但聞一陣驚呼，大家都跑下查看，發現大漢已難站立。原來腳扭傷了，其他身體僅擦傷。此時我們團隊和大漢團隊均嚇著了，特別是大漢太太和一群朋友不知如何處理之際我迅速走到大漢前，叫他脫下皮鞋，見腳指

能動，我鬆了口氣，大聲喊了聲：「有救！」，立即將他扶抱坐梯坎上，他似很痛又不知我要怎麼救他。四周人都不知結果。好像在摒息以待。我叫他別看我，馬上脫下他痛腳鞋子，趁他不注意，把他腳一扭一拍後放手，他已瞬間站起，雙腳踏步喊：「好了！不痛了！」夫妻倆驚喜之餘拿名片給我，問我從何處來，知是臺灣，更加感謝，並稱有機會到他家鄉將熱烈招待，他名片姓張，是陝西一個國營企業總經理，也因這次救人，華航朋友才知我這老記者還能治跌打損傷。他們說以後再出遊，一定要邀我。

果然華航朋友又邀我遊北京。旅行團中有中華民國一位前副總統胞弟夫人，卻在景山公園扭傷腳踝，大夥順理成章的說「趕快找安大哥就沒事」，我又迅速急救好，因此在朋友中只有華航朋友目睹「神技」。我很愛看大陸女排賽，常對女孩子的拼搏而感動，如把急救術傳授，可減少她們痛苦。唯迄今無機會。

早年在跑臺北市政新聞時，晚上有一飯局在西門町，中華路人行道翻修，我不小心扭傷右踝，只好坐磚堆上，雙手握腳向右擰轉，再把後跟置地上，將腳背用力壓下，立見功效，起身拍灰起立去吃飯無誤。這是自我急救第一次嚐試。此後幾年又先後自救兩次，均能「立馬見效」。

在報社曾為一位櫃臺同事治踝傷，把緊綁繃帶去掉治好。以及一位同事太太的痛腳。

還有位加州華僑女士，法界服務腳扭傷半年多，美國加州骨科醫師治不好，到上海和我們一起旅遊，她由上海

上飛機返美前，我為她治過，數日後和她通話，她頗不悅的語氣說：傷是好了，但腳卻青黑難看。我說最重要是傷癒。至於皮青黑難看頂多一個月左右會淡化正常。她才釋然。半年後再看見她，烏青皮膚早已退去。

多年來我這一急救「難傳」出，左思右想，原因是凡認識朋友難得遇到腳扭傷，一個人一生也許從未發生過，被我救的亦為偶然，故很快忘了，不被重視，至於肩骨脫臼、腕骨脫臼等重傷，我從未遇見，即使有，也早送醫院了。但皆無法治癒在一兩秒間。

何謂必勝拳

　　「必勝拳」的理論與我國兵法相通，絕不是你來我往，你打我一拳，我踹你一腳，或還你一拳，而是主張出手即結束，故一旦必須出手，則施展最有利於一擊而中，要夾雜詐詭聲東擊西，配以「虛」、「實」，目標離不開對方要害。凡出手就必定要敗敵。

　　至於基本功應練到什麼程度才夠格配合「必勝拳」？本書告訴你要達到「出手傷人」，就是能不論「拳」、「掌」打到敵人任何部位都「算」，這就非同小可了。它是打哪被打者必受傷，要害如眼鼻等顏面、耳、頸、胸腔、背、腰、小腹、下陰等，其他如頭、肩、臂、腿等，只要打到，都會造成「骨斷筋折」受重傷。換言之要把自己練成「銅筋鐵骨」，特別是雙手拳掌，臂膀，像鋼鐵鑄成般，自是攻敵同使用器械效果一樣，試想這種拳出擊能不勝嗎？然而這也是身懷此武術者，不可輕易出手，而能做到「不戰而屈人之兵」為上策。以筆者經驗，身負絕技者反易做到化干戈的情境。因身懷上乘武學面對各種異常狀況較有自信心，顯得穩定、從容。好似泰山崩於前而無動於衷，能冷靜對付。往往不會被嚇到，反能化險為夷。

　　記得一九七四年某日，我在紐約地鐵上，突然後面車

廂二、三十男女驚慌跑進我坐的車廂，不停繼續穿過並未停留，正覺奇怪不知發生何事，瞬間見一大漢，赤膊上身，雙臂肌肉突出，體格強壯一付兇狠樣，同時雙手張開做抓人狀，他一追到我坐的車廂，我左右坐的十幾個男女也一哄而逃，隨人群而去。我一個人端坐未動，靜待變動。說時遲，那時快，轉眼大漢已到眼前，我已有迎敵準備，想不到這「狂漢」要追趕的大群人跑了，卻轉頭看見我，乃停步朝我瞪眼大叫，做撲打狀，卻見我不動如山，直視他毫無懼怕，他竟退縮，後退一步往前仍追那些人而去。我因隔站下車，未知後果如何，此即「不戰而屈人之兵」化解兇險實證，這類情形不但在國外會遇到，在臺灣也如此，只要設法讓對方感覺不好惹，就達到「不戰」目的。一般要想動粗者，除酒醉者外，都認為自己能勝才出手，只要讓其知道出手會吃虧，自然不會任性貿然出手了。所以習武反不易被「動粗」的原因。特別是武藝越高深忍讓心越強，不會斤斤計較，對事或問題多能大事化小，小事化無，保持身心愉快。

出門如見敵

習武用武術者，平時即戰時，心態與一般人不同。時時刻刻自然會作維護自身安全反應。只要出得家門，立刻對自身安全提高警覺。自古有「事預則立」的教導，習武者要能具面對各種危機突發的準備，任何不利情況便可不驚慌的化解。譬如坐公車、捷運，絕不做「底頭族」等。身懷武藝者在外，隨時會仔細觀察四周、身邊各種狀況，凡意識到有威脅或可能發生危險時，即應迅速避開。連在公車上，手、腳擺放也能顧到萬一來個緊急剎車，不致傷到手腿或身體。總之習武的人，特別是在外活動擅於用敏銳的目光快速判別吉凶。又如入咖啡館或飯館選坐位也是要注意安全，像方位等，及了解桌上器物，「打眼」眾客人，雖不關緊要，但可防萬一。所以古代要求武者「出門如見敵」。

攻其必救之要害

攻其所必救，為孫子兵法之指點，即出手便直取敵「要害」，要害是指身體重要而脆弱的部位，受攻擊易受傷，甚至癱瘓或死亡。

因此習武者不能不知，一旦輕易出手，且在基本功有成時，很可能「失手」傷人，故習武同時應修養高尚品德，練「定力」，凡遇事冷靜，藝高膽大，泰山崩於前，仍能從容。則能以「不戰而屈人之兵」始為上策。因此武藝越高強，越不會輕易出手。特別是當基本功有成，除身體頂得住攻擊不怕挨打外，出手攻擊敵人時，就算不是要害，敵人也吃不消而致傷痛。故不可隨便出手。

但習武之「攻其所必救」所指的人體要害到底多少，部位在哪。在此一一介紹。

頭部：頭是人體的中央樞紐，指揮中心。它包括由前額、後腦、耳、鼻、眼、嘴、太陽穴、喉、頸等，總之整個頭顱的各部位器官都極脆弱，尤其具武藝基本功者，一出手往往即傷人，擊中頭部相當危險。

肋骨：人體肋骨是保護臟腑的彎型骨，具彈性，面積罩人體上半身，極脆弱，容易被打斷或被打裂且復健緩慢，特別是靠心臟部位，當受重擊易傷及心臟。

心窩：位在前胸中間軟骨部位，是護肝膽、胃、心、肺下端。此亦身體極脆弱處。

腹部：也就是肚子，它是指胸與骨盤間的位置，中有腹膜並覆蓋小腹膀光、胰臟、回腸、盲腸（闌尾）等，均難受打擊，皆是脆弱要害。

下陰：小腹以下的「陰部」，即生殖器。尤其男性，被打擊或「撈」、「抓」、「扯」等往往造成重傷、休克或死亡。

脊背：靠臟部位。即「心俞穴」處，受擊自然波及心臟，遭打擊立刻「軟化」，全身失力，重則能造成死亡。

雙腿：這雙腿也稱做「要害」，外行人可能因此而納悶不解。這是夏師傳授武藝時，突然憶起而提醒的實戰要點。人的雙腿若因被打傷而不能動，癱在地上，試想還有反擊能力嗎？所以武藝行家攻敵多「廢其腿、腳」。

「要害」與基本功：「要害」，是指一般人而言，身體有這麼多脆弱的「要害」。

但是在「基本功」練得好，到家，也就是除生殖器外，其他「要害」如臉、耳、鼻、喉、眼等以外，各部「要害」皆可由基本功練成「銅筋鐵骨」。如頭頂前額到百會穴間能接受鐵板重擊。一般脆弱容易受傷的肋骨，能練成抗重擊、重壓強固肋骨，其練習方法如前述。重要的是要恆心毅力。故在武藝家而言，「要害」部位會大量減少。這不怕打的情形，會令敵人心驚膽寒，基本功厲害是不怕被打（挨得起打），故一般人打人時，輕了無用，重

了自己的手反會受傷。

　　由此看來人身體如不加以特殊基本功訓練，一般各部位均很單薄脆弱。並且打人時自己會受傷。而訓練有素的武者，遇到這類敵人（發生衝突的對手），反該特別小心忍讓，以免輕易出手造成傷害，或要負法律責任。

吾人學武藝應特別謙遜

　　孫子兵法中，一開始就指出，戰爭是國家的大事，關係著人民的生死，國家的存亡，不可不慎重。

　　筆者研究武藝數十年的經驗，深深體會到學習武藝的人，也要徹底明白，習武是個人的大事，關係到自身安全和傷亡，以及榮辱。因此應深藏若虛，不可輕易示人。

　　所以我曾在一九八一年十一月十四日在美國加州國際日報「中華武藝」連載專欄中，特別談習武拜師須非常慎重。凡德高望重武藝精深者，咸認為學習武藝同樣要敦品和勵學，要能使武藝與學識齊頭並進，不可因習武便輕狂而顯粗魯，尤不可稱強鬥狠。

　　因此尋覓良師十分重要。必須師法一流，而只有武藝一流，才能立於不敗，對自身安全增加保障，一旦遇到險境，將比一般人鎮定沉著，自亦易化解危機。同時利於維護自尊與榮譽。所謂第二流，即粗俗江湖，一知半解吹虛誇大，膚淺欠扎實，投向這類人習藝，頗易自滿，自大且傲慢衝動，常惹不必要的麻煩，顯露品德方面的缺失。

　　故國內外許多愛好武藝的人們，未仔細考慮，胡亂投師習武，實在相當危險。

　　國內外都有不少走江湖的「拳頭師父」，或地方上正式

開館授徒者，對習武有興趣的人，就要「眾端參觀」，多所了解慎重選擇，始能追遂良師，培植造就允文允武好人才，對社會國家也具貢獻。

假如面對施展花拳繡腿的老江湖，他們總會利用技巧與老道訣竅，讓你見識及體會到他武術高強，引起你決心拜他為師。入了老江湖的套而不自知。

譬如老江湖發現想向他習武的人，他會露兩招讓你服氣，當然有熱切想學「中國功夫」的老外更好。

老江湖慣用的方法是，指著自己身體某部位，也許是頭、胸、腹不等。總之要你用力打向他要你打他的某處，當你聽話朝老江湖所指部位打去，自然老江湖立刻封架並作勢回擊。同時也進行閃避，通常回擊會讓人覺得疼痛，則更增加向他拜師信心，老江湖的方法正似武俠電影之套招，異曲同工。

如果找到了一流的好老師，自然值得慶幸，唯最重要還是要靠自己對武藝那份狂熱終生不退。因潛心勤練，加上基本功之枯燥艱苦，要有異於常人的毅力，始見心得。

每日勤練武藝與基本功，久而久之自悟出精深無底，強中自有強中手，虛懷若谷，立意無止盡的學習鍛練，細品個中玄機、道理，使文武交相孕育，體會其中的喜悅和滿足，生活會感到踏實自在和安然。

致於身懷絕藝，最好沒機會使用，非萬不得已不會隨便出手。

由是拜師習武，除深切了解武藝深淺，尤應知道老師

品格、學養，所謂身教勝言教，應知今之習武主要在強身，維護身體安全，培育尚武精神、正義感，磨練心志，坦蕩無畏，堂堂正正作人，達到真、善、美，快樂的人生，也是最圓滿的一生。

關於少林寺的傳說

少林寺位於河南省登封縣少室山北麓，建於後魏太和年間。根據史書記載，少林武藝雖朱明鼎革以後，明朝的故老遺臣，潛逃方外，由於嵩山少林寺位處隱地，面積寬廣，故至少林寺眾，而以武藝高強造詣深厚者多，彼此交相砥礪研究，觀摩演練，為之發揚光大，成就一種極為高深的武藝。大家均以反清復明為職志。

當時明朝福王的堂叔德疇，也來到少林寺，法號痛禪上人，他練武的態度積極認真，並遍訪天下武藝出眾者，一律勸說加入少林陣容，並立規約，發誓遵守，暗中計畫反清復明的行動。

康熙、乾隆年間，朝庭查到少林寺內的密謀，故進行剿滅，經歷兩次大火焚燒，僧徒死亡達數百人。

此後，少林寺逃出的僧徒，經此浩劫，乃化整為零，散開居住四方，各以武藝所長，教授傳揚。於是少林武藝傳至各地，又因僧擅長各異，故散傳於各地亦有差別。

當少林武藝在大江南北傳習，以安徽、浙江最盛。而武藝大都師法張全一，專在「神功」吐納（呼吸）技巧上下較大功夫。反而對於過去在少林寺必練的器械，舞槍弄棒等武藝，均不太演練。

　　不過少林武藝嶺南一帶，以一貫禪師為宗師，專攻腿擊，和「超舉」（跳躍）法。

　　據記載，少林武藝先後眾僧散居各處，並不斷傳揚，無形中分出很多派別。又依風土俗尚之不同，武藝亦各異。對比皖、浙與百粵，雖同出少林，前者以巧、柔見長，後者講究剛猛、敏捷，故少林武藝南北各不相同。且由於少林寺在未火燒前最盛時武林高手齊聚，各門各派絕學繁多，經兩次大火，傷亡頗重，僅存者確懷才終身隱匿，故仍有部分精華因此失傳，思之殊覺可惜。

　　中華武藝博大精深，觀近代少林寺，香火頂盛，國家富強，僧眾努力鑽研各方武藝，找回部分上乘武藝，臻於溫故創新，跟著現代化的脈搏走，已享譽全球。

　　約在滿清中葉，明室故老遺民，忠烈俠義之士，偷生草莽，又想不出迅速恢復明朝的辦法，便紛紛遁入空門。久而久之，他們認為既然必須作長期的復明準備，除了要勤習武藝外，還要培養臥薪嚐膽的大志，為滅胡興漢多動腦筋，和充分準備。

　　同時這批赤膽忠心矢志反清復明的人，認為過去訂的少林戒約意義太狹小，乃重行增訂戒約數條，較之過去只對個人立言的，有很大區別，堪稱少林宗法的第二時期。實飽含了國家主義和種族主義在內。故此後兩百餘年，少林徒眾，無不遵守如玉律金科。

　　這項戒約被稱「新十戒」，即：

　　一、肄習少林技擊術者，必須以恢復中國為志，朝夕

勤修，不能稍懈。

二、每日晨興，必須至明祖前行禮叩禱，而後勤練武技，至晚歸寢時，亦如此，不得間斷。

三、少林技術之馬步，如演習時，以退後三步，再前進三步，名為踏中宮，以示不忘中國之意。

四、凡屬少林宗派，宜至誠親愛，如兄弟手足之互相救助，互相砥礪，違此者，即以反教論罰之。

五、凡少林派之演習拳械時，宜先舉手作禮，惟與他家異者，他家則左掌而右拳，拱手齊眉。吾家則兩手作虎爪式，手背相靠，平與胸齊，用示反背胡族，心在中國。

六、如在遊行時，遇有必相較量者，先舉手作如上之禮，倘是同派，必相與和好，若係外家，即不如此，則相機而動，量其技術之深淺，以作身軀之防護，非到萬不得已時，不可輕易攻擊其要害。

七、傳授門徒，宜慎重選擇，如確係樸厚忠義之士，始可以技術相傳，惟自己平生之得力專門手法，非相久習而相知最深者，不可輕於相授，至吾宗之主旨，更宜擇人而語，切勿忽視。

八、恢復山河之志，為吾宗之第一目的，倘一息尚存，此志不宜稍懈。如不知此者，謂之少林外家。

九、濟危扶傾，忍辱度世，吾宗既皈依佛門，自當仍以慈悲為主，不可有逞強凌弱之舉。

十、尊師重道，敬長友愛，除貪祛妄，戒淫忌狠，有於此而不謹為遵守者，當與眾共罰。

等到孫中山領導革命，推翻腐敗至極的滿清時，少林門徒均認為此志向已達。後人讀此，可仰窺先賢們愛國宏願與高尚情操。

白玉峰與少林氣功：少林寺中自白玉峰和一位李老先生入駐，傳授「神妙絕技」，使該寺武藝更加圓滿。

據記載白玉峰的武藝，以氣功最精，並擅劍術。家道小康，因特別喜愛武藝，凡遇過客中有會武術者，無不請住家裡，向其學習。久而久之，家道中落，他仍變賣家財，攜帶銀錢，遊走各地，遍訪武藝名家，一方面吸取各種武藝的長處，同時廣結俠義之士，增加見識，由是武藝精進神速。生活困難時教幾徒弟便解決了。後來投入少林寺，更如魚得水，勤修猛進，使多年吸取的各方武藝融會貫通，且不斷增加成一百七十餘手。其中分別為龍、虎、豹、蛇、鶴等五類，於是少林拳法乃集大成，應是白玉峰的貢獻。

另一位李老先生，少年時期以擒拿手著稱，後在蘭州做商販，為人低調，不肯讓人知道他身懷武藝，他曾練就大小洪拳。其身法靈敏，而掌法駢指與眾不同，被稱是獨門絕技。而棍法獨到精湛，威力四射，迄今少林寺武僧名揚海內外的棍擊術，就是不願對外見名字的「李老先生」傳授。

少林武藝之習練，亦重視修身，養成不動心。據古籍記載。在滿清道光和咸豐年間，有南派少林武藝的高僧，居住在陝西三原一座大廟內，武藝高深，被稱聖手，但不

願輕易傳授。

　　當時湖北夏口一位木商的兒子，名叫李鏡源，家境富裕，年少好動，在私塾讀書之餘，喜弄拳棒，被老師看到而禁止，並勸應該專心讀書。不過年輕的李鏡源心想，這是他唯一嗜好，實在無法放棄，便繼續勤習不已。

　　在李鏡源二十歲那年，隨母親去沔陽看望舅舅，途中遇到一位姓高的陝西菸商，竟是當地武術名人，李便邀請到家裡，向他拜師習武，早晚勤練，不到一年，武藝已顯著進步。

　　李鏡源進步越快，越覺得自己不行，正是學而後知不足。李鏡源向一位深不可測的高僧求教。高僧身懷絕藝，卻無人知其姓名，因他從不透露身世，這位高僧向李鏡鴻說，佛門只有慈悲度世，未聞練習傷人技術的。世俗常以技擊防身為口頭禪，其實朝夕動躍間，總不能離開襲擊他人的念頭；這種想法一出現，就是意孽。這思維發生了，則魔障必然叢集，故與佛家悲智交修宗旨大大的違背。

　　此外高僧指出，那般反清復明志士，今已相繼凋零，復明願望已無力實現，而少林武藝乃由佛門專作靈魂、軀殼交相修養，期能臻於涅盤證果，悟徹真如。

　　接著高僧對李鏡源繼續說：「今天你遠道而來，專心想學武藝，誠懇的程度我已知道了，但你可惜不懂佛道，只為拳腳。我曾見儒書裡提到，楚霸王力敵萬夫，終屬血氣之勇，仲尼朝聞道而夕死，是何等意志。你既入寶山而問碔砆（似玉非玉以假亂真），我且藉幻影而指迷津。」

如是在高師父介紹下，束裝住三原。一個月的拔涉，終於到該寺，跪地三日，僧始為之講授，收他為徒弟。

於是高僧說，你注意聽著，凡欲學武藝，必先學不動心。一個人的一切動作，全由心作主宰。心就像國君，手足是臣民。君有乾綱獨斷之明，而後臣民效法指揮如意之勢。像儒家所說，天君泰然，百體從令者也。

至於武藝的練習，在平時無事情形下，必然從容不迫，然一旦倉卒應變，則因氣息上浮而手忙腳亂。

如此，雖然平日武藝純熟，終覺不能收效果於剎那之間。所以武藝歸功於不動心，是多麼重要，能達到這個地步，才能進入超神入化的境界，否則終屬野狐禪，縱能具有好身手，絕不會有光鮮於社會的成就。

以上記述少林武藝故事，是我於一九八一年以筆名朝陽，在美國加州國際日報副刊連載中之幾篇，特擇出以享讀者。專此說明。

習武目的各不相同

　　中華民族歷史超過五千年，歷史包羅萬象。這可從任
何人以有限生命無法盡覽證明，單以武術之龐雜，名稱多
樣，技藝五花八門，根據地域和習武者創新、變化，演化
出不同門派獨特技擊方法。經過長時間磨練，或透過實戰
需不斷精進，終出現威力強大武術「實用精華」，而與只
能健身、表演者不一樣。因此中華武藝應分兩大部分。即
健體強身、身手敏捷，施展套路如行雲流水，健力美的身
手確實可觀。但這樣武術各門派均能有獨門表現。

　　不過本書介紹的，卻是少見而近乎失傳的實戰技巧，
雖然名稱與外界和武術界練習者名稱一樣，唯拳路及理論
要訣完全不同，是國術傳說中的「必勝拳」。這種拳一旦
出手必然是「不招不架只有一下」勝負立見。與武打明星
之拳如雨下，敵人仍能逃跑。觀看到這類影片，導演和演
員不知中華武藝之高深，亦顯示對何謂「基本功」也無概
念。因為上乘基本功，出手不管是拳或掌，敵人必受傷。
譬如電影中李小龍用腳快速旋踢，（跆拳常用）遇「必勝
拳」基本功練到家者，可立即用橫拳迎擊，此腿快踢碰到
「必勝拳」硬如鐵棍的臂膀閃電相迎，造成「加速度」，
其輕易擊出的腿不斷也重傷。這便是「必勝拳」特別強調

基本功重要原因。

　　基本功上乘者到老不易骨質疏鬆，同時無論出擊用拳或掌，都含有強大滲透力，也是出手易傷人原因，至「不招不架」是第一它「攻其必救」，出手總往要害處打，敵人必然要救。不敢「交換」，加上「攻防一體」，故十分霸道而自信。

　　所謂攻防一體，即進攻時，防守亦在其中。這與常見打鬥不同。一般拳術都是攻擊後敵人反擊立刻防守，再出擊。「必勝拳」則出手即防，令敵人無法防守。

　　「必勝拳」另外一項特點是合乎兵法經典教戰最高原則，即「兵不厭詐」，每出手必「奇襲」，且打擊目標均取敵人要害。使敵手忙腳亂自救，故亦難還手反擊。

　　此外觀常見武術，包括洋拳、跆拳、空手道等，凡出手必收回後才能再發拳。「必勝拳」出擊後能在收回時仍能擊敵，也就是比一般出手綿密，出手收手都是攻擊。

　　筆者畢生研習「必勝拳」法，其精華可用四句話點出特殊處。即：「出手奇襲步法妙」，「招招要害難閃躲」、「攻其必救勝卷握」、「勢如瘋虎擋不過」。

昌明文叢 A9900007

無敵拳法國術精華

作　者　安　強

發 行 人　林慶彰
總 經 理　梁錦興
總 編 輯　張晏瑞
編 輯 所　萬卷樓圖書(股)公司
電話 (02)23216565
傳真 (02)23218698

出　　版　昌明文化有限公司
桃園市龜山區中原街 32 號
電話 (02)23216565
發　　行　萬卷樓圖書(股)公司
台北市羅斯福路二段 41 號 6 樓之 3
電話 (02)23216565
傳真 (02)23218698
電郵 SERVICE@WANJUAN.COM.TW

ISBN 978-986-496-579-3
2021 年 2 月初版二刷
2021 年 1 月初版
定價：新台幣 280 元

如何購買本書：
1. 劃撥購書，請透過以下帳號
　 帳號：15624015
　 戶名：萬卷樓圖書股份有限公司
2. 轉帳購書，請透過以下帳戶
　 合作金庫銀行 古亭分行
　 戶名：萬卷樓圖書股份有限公司
　 帳號：0877717092596
3. 網路購書，請透過萬卷樓網站
　 網址 WWW.WANJUAN.COM.TW
大量購書，請直接聯繫，將有專人
為您服務。(02)23216565 分機 610

如有缺頁、破損或裝訂錯誤，請寄
回更換

國家圖書館出版品預行編目資料

無敵拳法國術精華 / 安強著. -- 初
版. -- 桃園市 ：昌明文化有限公司出
版 ；臺北市 ：萬卷樓圖書股份有限
公司發行, 2021.01
面 ；公分. -- (昌明文叢 ；A9900007)
ISBN 978-986-496-579-3(平裝)
1.拳術 2.中國
528.97　　　　　　　　109022067